같이 걷기

같이 걷기

이용규 지음

규장

● prologue

같이 걷자, 부르시는
주님의 음성을 들으라

2009년 봄 어느 날, 집에서 기도하는데 '하나님의 인도하심' 그리고 '하나님의 음성을 듣는 삶'이라는 주제가 계속해서 떠올랐다. 그러면서 책의 장절(章節)이 머릿속에서 줄기차게 흘러나오며 정리가 되는 듯한 경험을 했다.

그런 일이 이틀간 계속되었다. 당혹스러웠다. 새로운 책을 쓰라는 하나님의 사인(sign)처럼 느껴졌기 때문이다.

실은 《더 내려놓음》을 끝으로 더 이상 기독 서적은 쓰지 않겠다고 마음먹은 적이 있다. 주변에서 "다음 책은 '다 내려놓음'이나 '완전 내려놓음' 같은 제목으로 나오는 거 아니에요?"라고 농담 삼아 이야기할 때마다 나는 조용히 웃어넘겼다.

《내려놓음》의 출간과 함께 많은 사람에게 읽히는 기독 작가로 인식되면서 내 안에는 어떤 답답함이 있었다. 나는 글재주가 좋은 것도, 신학적인 훈련을 받은 것도 아니기 때문에 더 이상 신앙에 대한 글을 쓸 여력이 없다고 생각했다. 하지만 그날 이후 계속해서 책에 대한 많은 부담 가운데 씨름하며 기도했다.

"하나님, 이 분야에 대해서라면 저보다 훨씬 뛰어난 분들이 많지 않습니까? 이 주제를 왜 제가 다루어야 하는지 모르겠어요. 저에게 이 주제를 다루라고 하시는 것은 꼭 해변에서 놀고 있는 어린아이에게 바닷속 깊은 곳에 대한 이야기를 논하라고 하시는 것과 마찬가지입니다."

이런 고백이 하나님께 내 속마음을 솔직하게 열어 보이는 것이며, 나 자신을 객관적으로 평가하는 것이라고 생각했다.

하지만 나를 낮추어 본다고 해서 그것이 진정한 겸손은 아니었다. 내가 나를 어떻게 보느냐는 그다지 중요하지 않았다. 계속되는 기도와 묵상 가운데 정말 중요한 것은 '하나님께서 나를 어떻게 보고 계시며, 나에 대해 어떤 계획을 가지고 계시는가?'라는 생각이 들었다.

결국 하나님께 고백했다.

"하나님의 계획이 있으시다면 그 뜻대로 되기를 원합니다."

며칠 동안의 씨름 끝에 나는 이런 고백을 하게 되었고, 그러고 나자 신기하게도 더 이상 책에 대한 부담이 오지 않았다. 그래서 책에 대한 생각은 접어둔 채 안식년을 맞이했고, 반 년 이상의 시간이 흘렀다.

십자가 이후의 삶

안식년 기간 중 미국 뉴저지에서 집회를 할 때였다. 집회 둘째 날, 《더 내려놓음》에서 다뤘던 '십자가에 우리의 자아를 못 박아야 한다'라는 주제로 설교를 했다. 그날 집회가 끝난 후에 한 형제가 찾아와 이렇게 물었다.

"선교사님의 말씀을 통해서 저의 자아가 십자가에 못 박혀 죽어야 한다는 사실을 알았습니다. 또 그것이 옳다는 것을 고백합니다. 그런데 십자가에 못 박힌 다음에는 어떻게 해야 하는 거죠?"

내게 이 질문을 한 그 형제는 초신자가 아니었다. 교회에서도 열심을 가지고 신앙생활을 하고 있었으며 선교단체에서 훈련도 받았다. 직장생활과 선교단체 간사 사역을 병행하며 하나님을 섬기고 있었다. 이 형제의 질문은 나를 당혹스럽게 만들었다. 왜냐하면 나는 교회에 다니는 사람이라면 누구나 십자가를 진 이후의 삶의 모습에 대해서 잘 알고 있을 거라고 생각하고 있었기 때문이다.

사실 내가 우리의 자아가 십자가 위에서 못 박혀야 한다는 내용의 설교를 전할 때면 많은 분들이 당혹해하고 의아해하며 지금까지 신앙생활을 해오면서 그런 이야기는 처음 들어보았다고 말하곤 했다. 이제 여기에서 더 나아가 '십자가 뒤에는 무엇이 기다리고 있는가?'라는 또 다른 차원의 질문을 접하면서, 나는 이 부분에 대해서도 설명이 필요하겠다는 생각이 들었다.

신앙생활을 오래 해온 사람들조차 십자가 이후의 삶의 모습에 대해 경험적으로 고백하고 있지 못하다는 사실을 알게 된 것이다. 그리고 이 부분에 대해 다루어야 할 책임이 내게도 있음을 하나님께서 말씀하고 계신 것처럼 느껴졌다.

그 형제의 질문에 대해 사도 바울은 이런 말을 남겼다.

> 그러므로 내 형제들아 너희도 그리스도의 몸으로 말미암아 율법에 대하여 죽임을 당하였으니 이는 다른 이 곧 죽은 자 가운데서 살아나신 이에게 가서 우리가 하나님을 위하여 열매를 맺게 하려 함이라 롬 7:4

즉, 육체의 법인 율법에 대하여 죽은 우리를 향한 부르심은, 예수님에게로 가서 그분과 연합하여 하나님이 기뻐하시는 열매 맺는 삶을 이루는 것이라는 말이다.

교인들은 흔히 '십자가를 통과한 사람의 삶은 이래야 한다, 저래야 한다'라는 당위론을 가지고 접근하는 경우가 많다. 하지만 십자가를 진 이후의 삶에서 나타나는 것은 '존재의 변화'이다.

자기 존재의 이유와 목적에 대한 이해가 바뀌고, 나를 선한 사람으로 살게 하는 동력이 바뀌는 것이다. 스스로의 윤리적인 노력으로는 이룰 수 없는 변화이다. 내가 무언가를 할 필요가 없다. 십자가를 지시고 부활하신 예수님이 나를 이끌어 가시기 때문이다.

신학(神學)에서는 이런 삶의 변화 과정을 '성화'(聖化)라는 용어로 설명한다. 하지만 나는 이런 신학적인 용어를 사용하지 않고서도 교인들에게 그 거룩함으로의 변화 과정을 경험할 수 있도록 도울 필요가 있다고 느꼈다. 우리가 성화가 무엇인지를 배운다고 해서 우리 삶에 그 성화의 과정이 자연스럽게 시작되는 것은 아니다.

예수님은 제자들을 가르치실 때, 천국의 삶에 대해 가르치시는 데서 그치지 않으셨다. 예수님은 자신의 삶으로 직접 천국의 삶을 증거하시고 열어 보여주셨다. 우리가 어떤 개념어에 대해 정말로 잘 이해하고 있는지를 알아보려면, 그 개념어를 사용하지 않고서 설명해낼 수 있는지를 보면 된다.

특별히 나는 '십자가'라는 단어를 쓰지 않고 '내려놓음'이라는 표현으로 복음을 설명할 때, 그 의미가 독자들에게 훨씬 더 쉽게 다가가는 것을 보았다. 그래서 나는 이 책을, 예수님을 만나는 십자가를 경험한 교인들의 삶 속에서 나타나는 몇 가지 모습에 대해 내가 개인적으로 선교지에서 경험한 삶의 정황을 예로 들어 이야기하는 식으로 풀어가려고 한다.

같이 걷기

안식년을 보내면서 책에 대해서 잠시 잊고 있었다. 안식년 기간 동안 머물렀던 국제예수전도단(Youth With A Mission, 이하 YWAM) 텍사스 타일러 베이스의 허락으로 그곳에서 이뤄지고 있던 강의를 청강할 수 있었다.

한번은 YWAM의 중요한 지도자 가운데 한 명인 짐 스타이어(Jim Stier)가 '믿음'을 주제로 강의를 했다. 그의 강의를 듣고 있을 때 하나님께서 내게 이렇게 말씀하시는 것 같았다.

"내가 이곳에서 너에게 많은 스승과 교사와 멘토들을 붙여준다고 했었지? 저 사람이 그중 한 명이란다."

짐 스타이어의 강의를 듣는 도중, 하나님께서 내게 저 주제로 글을 쓰기 원하신다는 마음이 강하게 들었다. 그 후로 시간이 있을 때마다 나는 '믿음의 삶'에 대해 묵상하게 되었다. 돌이켜보니 그의 강의를 듣던 중에 내게 주어진 영감(靈感)이 이 책을 쓰면서 만났던 고비마다 양분이 되어 녹아 있음을 느낀다.

그렇게 안식년을 마칠 무렵, 책에 대한 부담이 다시금 생겨 기도하던 중에 '같이 걷기'라는 말이 떠올랐다. 문득 그것이 믿음을 가지고 사는 삶에 대한 또 다른 표현일 수 있다는 생각이 들었다.

십자가 신앙을 고백한 이후의 삶은, 십자가를 지시고 부활하신 예수님과 함께 내 십자가를 지고 같이 걸으며 그분의 고난과 기쁨과 영광에 동참하는 삶이 아닐까. 한자어 '동행'(同行)이라는 표현이 있기는 하지만, 나는 영어 성경에서 표현하는 '함께 걷는다'(walk with)라는 표현을 순우리말로 전달하는 것이 좋겠다고 생각했다.

우리말 '같이'에는 두 가지 의미가 있다. 부사인 '함께'라는 뜻 외에 조사 '처럼'이라는 뜻이다. 즉, 예수님과 같은 모습으로 예수님과 같이 걷는다는 의미가 된다.

예수님처럼, 예수님과 함께 걸어갈 때 하나님께서 기뻐하시는 열매가 맺힌다. 이것이 성령의 열매이다. 가지가 포도나무에 붙어 있기만 하면 저절로 열매를 맺는 것과 마찬가지다. 포도나무 가지 스스로 열매를 맺기 위해 노력할 필요가 없다. 열매를 맺기 위해 가지가 해야 할 유일한 일은 나무에 꼭 붙어 있도록 그저 자신을 내맡기는 것뿐이다.

같이 걷는 행복

타일러 베이스에 머무는 동안, 식사를 마치고 선선한 저녁이 되면 나는 가족과 함께 산책에 나섰다. 몽골의 추위에 움츠려 방 안에만 있던 아이들도 신이 나서 뛰어다녔다. 베이스를 한 바퀴 돌면서 하루 동안 있었던 일도 나누고 하나님께 감사의 고백을 드리기도 하고 만나는 사람들과 안부도 나누었다.

특별히 즐거웠던 것은 아이들이 내게 엉겨 붙으며 내 다리를 붙들기도 하고 팔에 매달리기도 하며 같이 걷던 순간이었다. 아이들은 금방이라도 숨이 넘어갈 듯 까르르 웃어대며 내게 매달려 장난을 쳤다. 그것이 행복이었다. 그리고 어느새 하나님께 엉겨 붙는 나 자신을 발견했다.

누군가와 함께 오랫동안 관계를 맺고 같이 걸어가는 과정에서 생겨나는 세 가지가 있는데, 그것은 신뢰, 기대감 그리고 친밀감이다. 이것은 일반적으로 깊은 관계, 즉 가족이나 친구 또는 연인끼리 사랑하는 데 있어서 가장 중요한 요소이다. 이것을 성경에서 표현하는 단어로 바꾸면 각각 믿음, 소망, 사랑으로 대체할 수 있을 것이다.

이 세 가지는 하나님을 더 가까이 알아갈 수 있도록 도울 뿐 아니라 하나님의 은혜를 우리 가운데로 흘려보내는 통로 역할을 하기도 한다.

그 은혜는 우리가 하나님과 지속적으로 같이 걸어갈 수 있도록 돕는다.

함께 걷는 과정에서 신뢰와 기대감과 친밀감이 자라날 뿐 아니라 이 세 요소가 함께 걷는 사람 간의 관계를 더 견고하게 만들어준다. 이것은 우리가 노력해서 만들어낼 수 있는 것이 아니다. 신뢰와 기대감과 친밀감은 반드시 상대방과의 관계 속에서 형성된다. 우리가 애쓰고 연마해야 하는 성품이라기보다는 밖에서부터 흘러들어 오는 자극을 통해서 자라나는 것이다.

같이 걷기 위한 내려놓음

나는 이 책에서 구속(救贖) 이후의 신앙생활을 예수님과 같이 걸어가는 삶으로 표현했다. 그리고 그 구체적인 모습을 나의 개인적인 체험을 중심으로 그려내고자 했다.

어떻게 보면 내가 다루기에 가장 자신 없는 부분에 대한 나눔이다. 내가 이 내용을 다루는 것은 이 부분에 대해 무언가를 더 많이 알거나 자격이 되기 때문이 아니다. 그저 주님과 같이 걷는 길 가운데 그간 걸어온 길을 정리해서 독자와 나누어야겠다는 필요를 느꼈고, 그에 대해 하나님이 주시는 부담이 있었기 때문이다.

이번에도 역시 하나님의 생각은 나의 생각과 다르다는 사실을 인정할 수밖에 없다. 그저 평안한 마음으로 하나님이 보여주실 다음 계획을 믿고 따라가는 수밖에. 그리고 '나'라는 부족한 통로를 통해 주님의 뜻이 이루어질 것을 신뢰하며 순종할 뿐이다. 그 결과가 지금 또 하나의 책의 형태로 나타난 것이다.

'내려놓음'이란 결국 하나님과 함께 걷는 길을 좀 더 가볍고 편하고 기쁘게 걸을 수 있기 위한 준비 과정이 아닌가 생각해본다.

글을 써놓고 보니 《내려놓음》 출간 이후 독자들이 보내왔던 수많은 질문들에 대한 답이 이 책 안에 스며 있음을 느낀다. 어떻게 보면 이 책은, 그간 독자들이 던진 질문에 대한 나의 반응이라는 생각도 든다. 독자의 질문이 이 책의 출간을 위한 또 하나의 동기부여가 된 것이다. 바쁘다는 핑계로 그간의 질문에 거의 답을 하지 못했고, 그에 대해 적지 않은 마음의 부담이 있었는데, 이제 이 책과 함께 그 부담을 털어낼 수 있으리라 소망한다.

감사의 마음을 전하며…

이 책에는 나와 함께 길을 걸으며 내게 아낌없이 나누고 가르쳐준 많은 분들의 가르침이 스며 있다. 그 모든 분들에게 이 자리를 빌려 감사의 뜻을 전한다.

먼저 몽골국제대학교(Mongolia International University)에서 나와 동역하고 있는 교직원 사역자 분들께 감사한다. 특히 몇 분의 교수님들과 나눈 교제와 대화는 내게 기쁨이 되었고 늘 신선한 자극이 되었다. 또한 더 깊은 묵상을 할 수 있도록 기폭제가 되었다. 특히 왕충은 교수에게 감사의 마음을 전하는데, 이 책의 곳곳에 그와 나눈 대화의 흔적들이 담겨 있다.

안식년을 보내는 동안 국제예수전도단 타일러 베이스는 내가 '믿음'

과 '관계'에 대해 더 깊은 사색을 할 수 있는 환경을 제공해주었다. 특별히 우리 가정에 배려를 아끼지 않은 베이스 지도자 리랜드 패리스에게 감사하고 싶다. 타일러 베이스에서 생활하는 가운데 이승종 선교사와 나누었던 대화는 이 책의 주제에 대해 더 깊이 생각할 수 있도록 도움을 주었다. 그리고 강의를 통해 내게 깊은 도전과 새로운 영감을 불어넣어준 존 도우슨, 짐 스타이어, 탐 할라스, 딘 셔만 등의 강사 분들께 감사드린다.

이 책을 쓰는 가운데 여러 영역에서 찾아온 영적 공격을 이기고 무사히 집필을 마칠 수 있도록 나의 사역과 집필 작업을 위해 중보기도 해주신 모든 분들께 감사한다. 이 책을 위해 기도하고 격려하며 출판과 편집을 위해 수고하고 함께한 규장 출판사 여진구 대표를 비롯한 출판사 직원들께도 감사의 뜻을 전한다. 특별히 이 책의 출간을 앞두고 하늘나라로 먼저 부르심을 받은 김응국 편집국장님을 추모하고 애도하며 감사의 마음을 전한다. 《내려놓음》 때부터 원고를 검토해주셨고 이 책의 출간을 위해서도 지속적으로 격려하고 편달해주셨다.

내가 어느 곳으로 인도하심을 받든지 늘 나의 곁을 지키며 그 길을 함께 걸어주는 아내와 동연, 서연, 하연에게 깊이 감사한다.

끝으로 음지에서 그리고 낯선 땅에서 오직 하나님과 같이 걷기 위해 고군분투하는 사역자 분들께 이 책을 바친다.

이용규

프롤로그

part 01 우리와 같이 걷기를 원하시는 주님

chapter 01 주님은 동행의 길로 우리를 부르신다 18
chapter 02 가장 친밀한 동반자의 손을 잡고 걷다 32
chapter 03 우리의 걸음을 인도하시는 주님을 신뢰하라 41

part 02 주님과 같이 걸을 때 들리는 세밀한 음성

chapter 04 사랑하는 이의 음성 듣기를 간절히 사모하라 64
chapter 05 두려워하는 마음을 버리고 주 음성에 귀를 기울여라 84
chapter 06 사랑이 깊으면 대화도 깊어진다 96

contents

part 03 주님과 같이 걷는 길 위에 새겨진 발자국

chapter 07 믿음이 없으면 하나님을 경험할 수 없다 126
chapter 08 하나님을 신뢰해야 나의 걸음을 맡길 수 있다 138

part 04 주님과 같이 걷는 삶에 넘치는 은혜

chapter 09 주님과 같이 걸으면 하나님을 누리는 기쁨을 맛본다 170
chapter 10 죄 씻음을 허락하시는 하나님의 긍휼이 내게 임한다 180
chapter 11 세상에서 가장 뛰어난 하나님의 지혜를 배운다 192
chapter 12 순종으로 주께 나아갈 때 가장 좋은 곳으로 인도하신다 208
chapter 13 날마다 주께 더 가까이, 주와 더 깊은 관계로 나아간다 233

에필로그

우리를 창조하시고 또 우리를 구속하신 하나님께서는 우리와 함께하기를 원하신다. 그것이 우리를 창조하고 구속하신 이유이다. 하나님은 우리와 연합하고 깊이 교제하기 위하여 우리를 그분과의 친밀한 관계 가운데로 부르셨다.

part 01

우리와 같이 걷기를 원하시는 주님

chapter 01

주님은 동행의 길로
우리를 부르신다

함께하기 위하여 창조하셨다

　나는 가족과 함께하는 시간을 좋아한다. 아이들이 내게 매달려 장난을 치고 함께 걸으며 함께 웃는 시간에 행복을 느낀다. 아내와 팔짱을 끼고 발맞추어 걸으며 도란도란 오늘 하루 어떤 일들이 있었는지를 이야기하고 하나님이 어떤 은혜를 주셨는지를 나누며 서로의 아픔과 기쁨을 공유할 때 나와 아내는 서로에 대한 더 깊은 신뢰감과 사랑을 느낀다. 그 시간에 내가 아내나 아이들에게 원하는 것은 아무것도 없다. 다만 함께 걷고 함께 시간을 보내며 그 기쁨을 함께 누리는 것뿐이다.

　우리를 창조하시고 또 우리를 구속(救贖)하신 하나님께서는 우리와 함께하기를 원하신다. 그것이 우리를 창조하고 구속하신 이유이다. 하나님은 우리와 연합하고 깊이 교제하기 위하여 우리를 관계 가운데로 부르셨다. 그리고 주님과 같이 걸어가는 가운데 영혼의 구원과 천국의 도래를 위해 함께 일하기를 원하신다.

어떤 사람은 하나님이 우리를 창조하신 목적에 대해서 '예배 받으시기 위해서'라고 말한다. 그 예배가 단순한 형식이 아니라 관계 속에서 마음으로 올려드리는 경배를 말한다면, 맞는 말이다.

우리가 보통 하나님께 영광을 돌린다고 하면, 흔히 훌륭한 운동선수나 위대한 학자 등 유명한 사람이 되어 세계대회에서 우승한 뒤 혹은 뛰어난 업적이나 큰 성과를 이룬 뒤 하나님께 감사하고 그분을 높이는 것을 연상한다.

하지만 아버지는 훌륭한 아들을 통해서만 영광 받는 것이 아니다. 아들 노릇 한번 제대로 못하는 병약한 아들로 인해 전 재산 다 쓰고 온종일 아들에게 매달려 아까운 세월을 다 소비했을지라도 그 아들의 회복과 작은 감사의 표현이 아버지에게 영광이 될 수 있다. 부모는 자녀 가운데 가장 약한 자녀에게 가장 많은 관심을 기울이게 마련이다. 그 가장 약한 자녀를 돌보는 가운데 부모가 얻는 위로가 있다. 그것이 하나님이 바라시는 영광이기도 하다.

어떤 사람은 하나님께서 '외로우셨기 때문에' 우리를 만드셨을 것이라고 추측한다. 그러나 그렇지 않다. 하나님은 외롭지 않으셨다. 이미 삼위일체의 온전한 연합 공동체를 이루고 계셨다. 또 그분께는 천사의 무리가 있었다. 그런데도 하나님은 인간을 창조하시고 택하시어 삼위일체의 온전한 연합을 우리와의 관계에서 연장하기로 결정하셨다.

성경은 이런 하나님과 인간의 연합 관계를 설명하기 위해 인간 사회에 존재하는 여러 가지 관계를 예로 들고 있다. 왕 또는 주인과 종의 관계, 토기장이와 토기의 관계 등과 같이 상하 관계로 설명한 예가 있다. 이것도 하나님과 우리의 관계를 설명하는 중요한 상징이다.

그러나 예수님께서, 그리고 성경에서 가장 빈번하면서도 강렬하게 예로 드는 표현은 친구 관계, 아버지와 아들 관계 그리고 신랑과 신부, 남편과 아내의 관계이다. 이 관계들은 인간 사회에 존재하는 개인과 개인을 맺어주는 가장 강력한 수단이다.

하나님 알아가기

우리가 누군가를 안다고 할 때, 친밀도에 따라 그 아는 정도를 몇 단계로 나눌 수 있다.

첫째 단계는 그 사람이 존재한다는 사실을 아는 것이다. 예를 들어 나는 유명 연예인의 이름을 알고 그가 이 세상에 살고 있음을 안다. 하지만 그 사람이 나를 아는 것은 아니다. 그저 내가 그 사람의 이름과 존재를 아는 것뿐이지 관계가 형성된 것은 아니다.

둘째 단계는 그 사람과 안면이 있으며 서로 만나면 간단히 인사를 나누는 정도의 단계이다. 우리 주변에, 곧 학교나 직장이나 교회에 이 정도 단계의 관계를 맺고 있는 사람들이 가장 많을 것이다. 이런 단계의 사람과는 깊은 이야기나 고민을 나눌 수가 없다. 어려운 부탁을 꺼내기도 어던지 어색하고 껄끄럽다.

　세 번째 단계는 충분히 친밀하게 아는 단계이다. 그가 어떤 성향의 사람인지, 어떤 것을 좋아하며 무슨 생각을 하는지를 오랫동안의 교제를 통해 경험적으로 아는 단계이다. 물론 이 단계에서도 친밀도에는 편차가 있을 수 있다. 인간이 관계를 맺고 교제를 나누는 데 있어서 가장 친밀하고 깊이 아는 사이는 부부 사이일 것이다. 히브리어의 '야다'는 이런 단계의 '앎'을 말한다. 아담이 아내로 맞은 하와를 '알았다'고 할 때 쓰였던 표현이다.

　우리가 하나님을 아는 데에도 여러 단계가 있다. 첫째가 존재하심을 믿는 단계, 둘째는 예배와 기도와 성경공부를 통해 하나님의 성품을 들어서 아는 단계, 셋째는 하나님을 영(靈)과 혼(魂)과 육(肉)으로 경험하고 생활 속에서 교제하며 깊이 사랑할 뿐 아니라, 그분에게 사랑받고 있음을 느끼며 기뻐하는 단계이다. 하나님께서 지금 내게 무엇을 원하시는지, 그분과 교제하며 대화하는 것이 어떤 것인지를 아는 상태이다. 하나님은 우리를 바로 이러한 친밀한 앎의 관계로 부르신다.

생명의 관계로 부르셨다

　하나님께서는 우리를 단순히 종교적인 틀 안으로 부르신 것이 아니다. 하나님은 우리를 '생명의 관계' 속으로 부르셨다. 이것이 하나님을 믿는 것과 다른 종교 행위와의 차이점이다.

　한 예로, 한국 사회는 유교의 영향을 지대하게 받았는데, 유교에서 강조하는 것은 의례(儀禮) 또는 행위의 바름이다. 동기보다는 드러나는 행실이 더 중요하다. 그래서 냉수 먹고 이 쑤시는 행위가 정당할 뿐 아니라 필요한 덕목이 되기도 한다. 이런 가치 체계 하에서는 행동의 원리 원칙에 유난히 집착하게 된다.

대학 시절 사서삼경(四書三經)을 원문으로 공부하며 암기한 적이 있다. 그 당시에는 논어(論語)를 보면서 여러 장(章)에 걸쳐서 공자의 행실, 특히 제사 지내는 방식에 대해 지루하게 서술한 이유를 이해하기 어려웠다. 그러다가 나중에 미국에서 박사 과정을 밟던 중에 동아시아학과 학생들을 가르치기 위해 다시 원문을 읽으면서, 그 부분이 사실 논어의 핵심이라는 사실을 깨닫게 되었다.

결국 유교의 강조점은 외적(外的)으로 드러난 정확한 순서와 규격에 의해 진행되는 의례에 있는 것이다. 공자는 그 의례를 잘 연마하고 또 연마하면 그 의례에 담긴 정신을 습득할 수 있다고 보았다. 행위를 완전하게 하고 의례를 잘 치르면서 연마되는 정신을 덕(德)이라고 한다. 즉, 인의예지(仁義禮智)를 말한다. 이 인의예지를 갖춘 사람을 군자(君子)라고 부르며, 여기서 더 열심히 연마하여 지고(至高)의 경지에 이른 사람을 성인(聖人)이라고 한다. 이것이 일반적으로 유교가 추구하는 가치이다.

이런 유교적 사고방식은 한국을 비롯한 동양 사회 곳곳에 스며 있다. 무협지에서도 그 예를 찾아볼 수 있는데, 무협지를 보면 흔히 주인공이 내공을 키우기 위해 제일 먼저 할 일이 좋은 스승을 찾거나 비급(祕笈)을 얻는 것이다. 비급을 얻어 거기에 적힌 그대로 연마하는 것이 중요하다.

그렇게만 하면 기(氣)가 쌓이고 내공이 자라게 되는데, 혹 비급이 전해지는 과정에서 책장이 몇 장 찢어져 있거나 손상이 되어 수순을 몇 개 놓치게 되면 심각한 문제가 발생한다. 흔히 수련자에게 마(魔)가 낀다고 하는데, 육체나 정신에 치명적인 어려움이 생기는 것이다.

이렇듯 유교의 영향 아래 있는 동양적인 전통은, 가장 정통적인 원리 원칙을 얻어서 그것을 열심히 습득하고 자신의 행위에 반영하면 긍정적인 변화가 일어난다고 믿는 것이다.

그런데 문제는 이런 가치 체계가 어느새 교회 안에 자리를 차지하게 됐다는 것이다. 그래서 사람들은 어느 목사님이 정통 교리를 가졌는가, 어느 교회의 예배가 더 완벽한가, 어떤 절차가 더 전통에 맞는가 하는 문제에 지나치게 관심을 갖는다. 이것은 육(肉)에 속한 모습이지, 영(靈)에 속한 모습이 아니다.

하나님을 믿는 것은 그것과는 전혀 다른 차원이다. 우리가 우리의 행위를 아무리 온전하게 가다듬는다고 해도, 그것만으로 우리 마음이 정화되고 죄가 죽고 성화(聖化)의 단계에 이를 수 있는 것은 아니다. 겉으로 보이는 행위를 아무리 온전히 한다고 해도 내 머릿속으로는 끊임없이 더러운 생각들이 침투해 들어온다. 심지어 예배의 행위를 온전히 다 갖추어서 거룩한 모습으로 하나님을 예배하는 와중에도 내 머릿속으로는 온갖 잡다한 생각들이 틈을 노리고 들어온다.

하나님을 사랑하는 외적인 모양을 갖추었다고 해서 우리가 실제로 하나님의 사랑을 느낄 수 있는 것이 아니다. 우리에게 필요한 것은 어떤 행위를 위한 원칙을 찾아서 행위를 갈고닦는 것이 아니라 하나님 그분의 실체에 직접 부딪치는 것이다.

우리가 추구하는 본질은, 생명의 관계이다.

관계가 핵심이다

나는 신앙생활의 핵심이 '관계'에 있다는 사실을 비교적 늦게 깨달았다. 선교사로 몽골에 온 후에야 비로소 그 중요성을 하나씩 배워가고 있다. 우리 가정이 2009년 가을부터 2010년 여름까지 안식년을 맞아 미국에 있을 때 경험한 일이다.

둘째 서연이가 미국 학교에 적응하기까지 꽤 오랜 시간이 걸렸다. 언어가 전혀 다른 낯선 환경이 아이를 두렵게 한 것이다. 서연이는 스스로 환경을 통제하고자 하는 의지가 유난히 강한 아이인데, 자신이 통제할 수 없는 환경에 던져졌다는 사실이 아이를 힘들게 한 것이다.

한동안 아이는 학교 가기 싫다고 아침마다 서럽게 울었다. 나는 우는 아이를 달래며 말했다.

"서연아, 너희 학교 정말 좋지 않니? 음악실도 있고, 컴퓨터실도 있고, 매점이랑 도서관도 있고, 실내 체육관도 있잖아. 아빠 생각에는 세상에서 제일 좋은 학교인 것 같은데…."

서연이는 울면서 도리질을 쳤다.

"아니, 하나도 안 좋아. 나는 몽골에 있는 MK스쿨(Missionary Kids School)이 훨씬 더 좋아!"

처음에는 아이의 그 대답이 무척 의아했다. 아이에게 감사할 줄 아는 마음이 없는 것이라고 생각했다.

사실 몽골의 한국 선교사 자녀들을 위해 세워진 MK스쿨은 다른 학교와 비교할 때 환경이나 시설 면에서 무척 열악하다. 러시아 군대가 남기고 간 막사 하나를 개조해서 학교 건물을 만들었기 때문에 운동장도 없고, 교실도 비좁았다. 그 비좁은 교실에서 모든 교과 활동을 다 해야 했다. 그런데 아이는 좁은 공간에서 모든 것을 다 할 수 있어서 좋았다고 말한다. 미국 학교에서는 자기를 도서관으로, 놀이터로, 식당으로 데리고 다니는데 길을 잃을 것 같아 불안하고 불편해서 싫다고 말한다.

서연이가 왜 몽골에 두고 온 학교가 더 좋다고 말하는지 그 이유를 잠시 생각해보았다. 그것은 다른 것 때문이 아니었다. 그곳에 있는 친구들과 선생님 때문이었다. 그곳에는 따뜻한 관계가 있었다. 그곳에 자신의 마음과 추억이 담겨 있었다.

아이에게 있어서 학교의 좋고 나쁨의 기준은 시설이나 교육 수준, 영어를 잘 배울 수 있는 환경 같은 것들이 아니었다. 아이에게 중요한 것은 '관계'라는 사실을 나는 다시 한 번 깨달았다.

미국 생활에 어느 정도 적응을 한 뒤에도 동연이와 서연이는 이따금씩 몽골에 빨리 돌아가고 싶다고 칭얼거리곤 했다. 소중한 추억으로 가득한 모든 관계들, 친구들과 이모 삼촌들(몽골국제대학교 사역자들을 이렇게 부른다) 그리고 집과 학교가 그리운 것이다.

가끔씩 사람들이 서연이에게 이렇게 묻곤 했다.

"서연아, 미국에 오니까 좋지?"

"아니요, 하나도 안 좋아요. 빨리 몽골에 돌아가고 싶어요."

"넌 어느 나라가 제일 좋아?"

그럼 아이는 너무나 당연하다는 표정으로 아무 망설임도 없이 답한다.

"몽골이요!"

"그럼 미국은?"

"세 번째요."

아마 한국이 두 번째로 좋아하는 나라여서 그렇게 대답한 것 같다. 서연이에게는 몽골이 가장 좋은 나라이다. 그곳에 아이를 그립게 하는 무언가가 있기 때문이다.

중요한 것 vs 정말 중요한 것

사실 몽골국제대학교에서 사역을 하면서 학생들에게 미안할 때가 한두 번이 아니다. 더 나은 시설과 여건을 마련해주지 못한 데 대한 부담이었다. 그런데도 학생들은 "우리 학교가 최고예요"라고 말해주곤 한다. 처음에는 그 말을 들으며 반신반의했다. 그저 나 듣기 좋으라고 해주는 말로 생각했다.

그러다 깨달은 것은, 학생들이 학교 내에 있는 좋은 관계 때문에 학교를 기뻐할 수 있다는 것이었다. 교수님들이 자신에게 관심을 갖고 자기의 말을 들어주며 또 사랑을 담아 최선을 다해 가르친다는 것을 느끼기 때문에 자기가 다니는 학교가 가장 좋은 학교라고 여길 수 있는 것이다.

미국 집회를 다니다보면, 자녀의 교육 문제 때문에 이민을 온 교민 가정을 많이 만날 수 있다. 그런데 자녀 교육을 위해 미국에 왔지만 생존을 위해 버겁게 일하느라 바빠 정작 자녀들을 제대로 돌보지 못하고 결국 탈선하고 마는 안타까운 경우들을 보게 된다. 집회 중에 만난 어머니들의 눈물 어린 하소연을 접하면서 나도 함께 마음이 아프기 그지없었다.

많은 크리스천 가정의 자녀들이 더 이상 교회에 출석하지 않는 것도 부모들의 아픔이 되고 있다. 부모들은 그저 자녀들이 공부 잘해서 좋은 대학 졸업하고 좋은 직장 얻어 잘사는 것이 자녀 교육에 있어서 최상의 목표라고 생각했다. 그래서 자녀들에게 하나님에 대해 가르치기보다는 학교에서 열심히 공부하도록 하는 데 더 큰 비중을 두었다. 자녀들은 부모의 바람대로 그 목표를 이루었지만, 그 결과 교회를 떠나게 되었다.

자녀들은 학교에서 습득한 인본주의적 사고로 부모의 신앙의 문제점들을 재단하고 판단하기 시작한다. 대학교에 진학하여 부모를 떠나 기숙사 생활을 하면서 세속적인 가치관을 갖게 되고, 그들의 삶은 급속도로 타락하게 된다. 교실에서 배우고 익힌 인본주의적 사고와 기숙사 친구들의 자유분방하고 문란한 생활을 접하면서 자연스럽게 신앙을 떠나게 되고, 부모 세대의 정신적 유산을 고리타분한 유물 정도로만 생각하고 부담스러워한다.

부모가 원하던 세속적 성공은 이루었지만 하나님을 잃어버리고 만 많은 경우를 보면서 가슴이 너무도 아팠다. 부모가 자녀들의 성공이라고 여겼던 영역이 결국 자녀들의 영혼을 망가뜨리고 있었던 것이다. 우리는 때로 무엇이 자녀들에게 정말 소중한 것인지 모른 채 우리가 중요하다고 생각하는 것만을 주려고 안간힘을 쓴다.

진짜 중요한 것은 세속적 성공이 아니라 좋은 관계를 맺는 것, 특히 하나님과의 친밀한 관계이다. 거기에 생명이 있다.

잘못된 자세와 빗나간 열심

때로는 우리의 지나친 노력과 열심이 하나님과의 온전한 관계로 나아가는 것을 오히려 방해할 수가 있다. 우리가 안식년 기간에 타일러 베이스에 머무는 동안 아내는 DTS(제자훈련학교, Discipleship Training School) 훈련을 받게 되었다. 처음에는 밤늦은 시간까지 기도회에 참석하고 숙제를 하는 등 열심을 보였다. 임신 8개월의 몸으로 훈련에 지나치게 집중하는 아내의 모습을 보니 조금은 불안한 마음이 들었다.

모범생으로 자란 아내는 신앙 훈련에 있어서도 늘 바른 자세로 열심히 해야 한다는 압박감을 가지고 있었다. 절대로 수업 시간에 늦으면 안 되고, 준비를 열심히 해서 참석해야 하고, 또 질문이 나오면 누구보다 먼저 가장 정확한 답을 제시하기 위해 애쓰고, 적당한 긴장감으로 동료들보다 뒤처지지 않기 위해 자신을 채근하고…. 이런 모습이 좋은 신앙인의 모습이라고 생각했다. 다른 방식에 대해서는 생각해본 적이 없기 때문이다.

아내의 모습을 옆에서 지켜보면서 나는 그러한 태도의 문제점을 정확히 볼 수 있었다. 왜냐하면 실은 그 모습이 이전의 나의 모습이기도 했기 때문이다. 나는 아내의 모습을 보면서 한국과 미국에서 수업 받던 시기의 내 모습이 떠올랐다. 영어에 대한 부담과 말 잘하는 사람들에 대한 부러움, 실수를 용납하기 싫어서 몸부림쳤던 일들, 교수님에게 좋은 인상을 주기 위해 무리해서 열심을 내고 다른 사람들의 시선을 의식하여 언제나 반듯한 모습만을 보여주려고 했던 것들…. 이런 것들이 하나님 앞에서 해결되지 않은 나의 자아가 만들어내는 나의 모습이었다.

그리고 어느새 이런 경쟁심과 빗나간 열심이 나의 자아의 일부를 형성하면서 교회에서도 비슷한 형태로 반응하려는 모습을 보였다. 교회 공동체에서 하는 성경공부 시간에도 학교 공부하듯이 다른 사람보다 더 많은 책을 읽고 더 많은 지식을 쌓고 더 깊이 생각하여 더 탁월한 정답을 제시하고자 애쓰고 노력하는 모습을 보였다.

그 노력 자체가 잘못은 아닐 수 있다. 그러나 문제는 그것이 하나님으로부터 온 것이 아니라면, 우리의 육적(肉的)인 노력만으로는 하나님을 만나기가 어렵다는 것이다. 하나님을 만나기 위해 시작한 성경공부나 신앙 훈련 프로그램이 자칫하면 하나님을 거부하고 스스로 독립된 존재로 서서 자아를 만족시키고 자아만을 살찌우게 하는 것이 되기도 한다.

더 깊은 교제로 부르심

나는 아내를 보면서 하나님께서 우리의 잘못된 동기나 태도에서 나오는 열심의 문제를 다루기 원하신다는 생각이 들어 그 부분을 아내와 함께 나누었다. 그러나 아내는 훈련을 받을 수 있는 기회가 항상 주어지는 것이 아니기 때문에 할 수 있을 때 열심히 해야 한다면서 처음에는 나의 조언을 외면했다. 그렇지만 곧 임신을 한 몸으로 두 아이를 돌보아야 하는 책임까지 가진 사람으로서 훈련 과정에서 완벽한 훈련생의 모습을 보이고자 하는 열심에는 문제가 있을 수 있다는 것을 인식했다.

아내는 기도하는 가운데 자신이 여전히 모범생의 모습으로 훈련에 임하기를 원했고, 또 임신한 몸이라고 해서 뒤처지고 모자란 사람처럼 보이고 싶지 않다는 마음이 자기 내면에 자리 잡고 있음을 깨달았다. 하나님을 만나기 위해 훈련을 받게 되었지만, 실은 그 훈련 과정에서 자신의 빗나간 열심과 무리로 인해 오히려 하나님이 일하시기 불편한 환경을 스스로 만들고 있었던 것이다. 아내는 다른 훈련생들을 향한 하나님의 부르심과 자신을 향한 하나님의 기대가 다르다는 것을 깨달았다. 아내는 하나님 앞에 이렇게 고백했다.

"하나님, 제가 바보처럼 남겨져도 좋습니다. 수업을 따라가는 것이 아니라 하나님 자체를 온전히 누리기 원합니다."

중요한 것은 훈련에 임하는 우리의 각오나 태도보다 하나님께서 우리를 자유롭게 다듬으실 수 있도록 우리 안의 방해거리들을 확인하고 내어드려서 하나님께 그것들을 청소하실 수 있는 기회를 드리는 것이다.

이 무렵, 아내는 병원 정기검진을 통해 자기에게 임신성 당뇨가 있음을 알게 되었다. 이 일을 계기로 아내는 식사를 조절하면서 아침 점심 저녁 식사 후에 산책을 하기 시작했다. 산책을 통해 아내는 활력을 되찾고 더 건강해지는 것을 느꼈다. 훈련에 들어가는 시간을 줄이고 숙제를 포기하고 주변의 오솔길을 산책하면서 아내는 오히려 깊은 묵상과 기도 속으로 들어갈 수 있었다. 훈련 프로그램에서 열심을 내던 때에는 만나기 어려웠던 하나님을 아픔 가운데서 홀로 간절히 찾으며 더 깊은 만남의 기회로 들어갈 수 있게 된 것이다.

하나님은 아내의 육신의 연약함을 통해서 아내의 영적인 시야를 열어주셨다. 그리고 육신의 약함 가운데 하나님을 향한 겸비함과 간절함을 허락하셔서 단순히 훈련 프로그램에 참여하는 것만으로는 얻을 수 없었을 내밀한 하나님과의 교제를 누리게 하셨다.

우리는 종종 훈련을 통해서 하나님과의 관계를 온전케 하려고 애를 쓴다. 그러나 하나님과의 관계 형성으로 인한 변화가 먼저 이루어져야만 비로소 훈련의 유익을 얻을 수 있다. 그런 후에야 훈련을 통해 견고해지는 일이 가능하다. 자칫 훈련을 대하는 우리의 그릇된 자세와 열심 때문에 오히려 훈련이 우리의 영적 성장에 방해를 일으키기도 한다.

chapter 02

가장 친밀한 동반자의
손을 잡고 걷다

언약 있는 관계로의 부르심

우리가 사회에서 맺는 여러 관계 가운데 가장 강력한 관계는 가족과 맺는 관계이다. 외부인이 가족 구성원으로 들어오기 위해서 만들어진 두 가지 제도가 있는데, 그것이 '입양'과 '혼인'이다. 이 두 가지 제도는 죄 가운데 분리되었던 우리가 다시금 하나님과 연합하는 과정을 묘사해주는 가장 강력한 도구이다.

성경의 배경이 된 유대 사회에서는 아들이나 신부에게 주어지는 특권이 있었다. 그것은 약속을 받는다는 것이다. 아들은 유업을 약속으로 받는다. 전통 유대 혼인 절차에서 신부는 정혼할 때 남편 될 사람이 주겠다고 약속한 신부값과 결혼 후 신부가 누리기로 약속된 권리를 보장받는다.

아들과 신부는 약속을 받은 존재이다. 성경에서 우리를 하나님의 자녀로, 또 어린양의 신부로 묘사하는 이유가 여기에 있다. 하나님은 태초부터 아들의 신붓감으로 우리를 예비해놓으셨다. 이런 혼인 절차를 통해서 하나님으로부터 떨어져 나갔던 우리가 다시 하나님의 가족의 일원으로 받아들여지는 것이다.

교회에서 하는 설교를 들어보면 일반적으로 '아버지와 아들' 관계에 대해서는 자주 언급하는 반면, 신랑과 신부 관계에 대해서는 별로 다루지 않는 것을 보게 된다. 어쩌면 교회 문화가 많은 부분에서 남성 중심적으로 이루어진 이유도 있을 것이다. 우리를 그리스도의 신부로 부르신다는 하나님의 부르심을 언급할 때, 아마 교회의 많은 남성분들은 어려움을 느낄 것이다. '신부'라고 하면 보통 면사포를 쓰고 꽃다발을 든 모습을 떠올리게 된다. 많은 남성분들 역시 그런 신부의 모습을 떠올리고는 자신이 그리스도의 신부가 되기 위해서는 남성성을 포기해야 한다고 은연중에 느끼는지도 모르겠다.

그러나 신부의 비유는 성별의 구분과 관련된 것이 아니다. 아버지와 아들의 관계를 이야기한다고 해서 여성들을 제외시키는 것이 아닌 것과 마찬가지이다. 유대 사회에서는 아들이 유업을 받을 권리를 누리므로 '아들'이라는 비유를 사용한 것뿐이다. 여성이지만 하나님의 유업을 잇는 아들로 불릴 수 있듯이, 남성이지만 예수님의 온전한 신부로 부르심을 받는 것이다.

영원한 동반자

또 하나 신랑과 신부로 묘사되는 그리스도와 우리의 관계를 설명하는 비유가 갖는 중요한 의미가 있다. 일반적으로 남편과 아내의 관계는 인간관계에서 가장 깊은 친밀감을 누릴 수 있는 관계이다. 평생을 같이 걷는 동반자가 바로 아내이고 남편이다. 아울러 신부가 된다는 것은 신분의 변화, 거주 환경의 변화 그리고 보장된 약속을 수반하는 것을 상징적으로 설명한다.

결혼생활이 영적으로 중요한 이유는, 이것이 하나님과 우리와의 관계를 예표하기 때문이다. 혼인 이후에 남편과 아내가 평생을 함께하며 인생길을 같이 걸어가는 것처럼, 그리스도의 신부가 된 우리는 평생을 그분과 함께하며 같이 길을 걸어가야 하는 것이다. 우리의 배우자가 평생의 동반자라면 우리 하나님은 영원한 동반자라 할 수 있겠다.

호세아서를 보면 하나님께서 우리와의 관계를 부부 관계로 설정하고 계심을 볼 수 있다. 결국 내가 하나님을 얼마나 온전히 누리고 사랑하고 있느냐가 나의 결혼생활을 통해서도 드러나게 된다는 말이다.

아가서 4장에 기록된 애정 표현은 부부의 관계를 실제적으로 표현하는 동시에 하나님과 우리와의 사랑의 실체를 예시해준다. 부드럽고 따뜻하고 편안하면서 그윽하고 달콤하고 격정적이기도 한 복합적인 감정을 포괄하는 부부의 관계가 흡사 예배를 통한 하나님과의 연합과 비슷하다고 느낄 때가 종종 있다. 그럴 때면, 도대체 사람이 무엇이기에 존귀하신 하나님께서 이토록 우리를 사랑하실까 감탄하며 송구한 마음에 가슴이 절로 벅차 온다.

이런 이유로 성적(性的)인 죄는 그 어떤 죄보다 무섭다. 성적인 죄는 인간관계를 파괴하는 동시에 하나님과의 교제를 끊는 치명적인 독소가 된다. 이 때문에 사탄이 현대 사회에서 가장 집중적으로 공격하는 영역 가운데 하나가 바로 결혼과 관련된 부분이다. 사탄은 불륜과 혼전 관계와 같은 성적 타락을 통해서 현대 사회를 죄와 타락으로 이끈다. 대부분의 이단 교주들에게 성적 타락과 결혼 관계의 파괴 현상이 나타나는 것도 이와 관련이 깊다고 할 수 있겠다.

늘 새롭고 흥미진진한 모험

결혼 관계에 관해서 현대 사회가 교묘하게 퍼뜨리는 거짓말 한 가지가 있다. 바로 결혼의 꽃은 신혼 시절이고 그 이후부터는 점차 결혼의 기쁨과 행복이 줄어든다는 것이다. 그러나 결코 그렇지 않다. 하나님 안에서의 결혼생활은 시간이 갈수록 더 좋아지게 마련이다. 처음 사랑 이후에 사랑이 식어간다면, 실은 처음 사랑 자체가 문제가 많은 사랑이었던 것이다.

나는 다시 신혼 때로 돌아가고 싶은 마음이 전혀 없다. 처음으로 돌아가서 다시 서로를 알아가느라 시간을 보내고 감정을 소모하기보다는 이미 알아온 모습을 바탕으로 아직도 모르는 서로의 모습을 계속해서 알아가기 원한다. 어려운 시간을 함께 극복하면서 우리 부부가 깨달은 사실은, 우리의 애정과 서로에 대한 이해가 신혼 때의 수준과는 비교할 수 없을 만큼 훨씬 깊고 충만해졌다는 것이다.

신앙생활도 마찬가지인 것 같다. 신앙생활에 있어서 하나님을 처음 만나 뜨겁게 사랑했던 기억만을 붙들고 신앙을 유지하며 버티는 사람들을 종종 만나게 된다. 하나님을 향한 뜨거운 첫사랑 이후에 신앙 연륜이 쌓이면서 점차 매너리즘에 빠지게 되고, 이런 상태를 당연한 것처럼 여기는 경우도 있다. 참으로 안타까운 일이다.

결혼생활을 하다보면 그동안 전혀 몰랐던 아내의 모습이 새롭게 발견될 때가 있다. 이는 실은 아내 자신도 몰랐던 자신의 모습이다. 그 모습에 대한 나의 반응을 보면서 나도 몰랐던 나 자신의 숨겨진 모습에 대해서도 알아가게 된다. 그래서 결혼생활은 늘 새로운 모험으로 가득 차 있다. 하나님과의 관계 맺음도 마찬가지이다. 그분과 같이 걷는 길 가운데는 여전히 새롭고 놀라운 그분의 깊은 사랑을 알 수 있는 흥미진진한 모험으로 가득 차 있다.

고집을 죽여야 관계가 산다

아내가 동연이와 서연이를 낳고 한창 정신없이 키우고 있을 때쯤, 언제부터인가 아내가 아이를 둘 낳고 보니 어느새 여느 아줌마처럼 씩씩해지고 나에 대해서도 둔감해졌다는 느낌을 받았다. 그래서 아쉬운 마음에 아내에게 한두 번 서운한 감정을 표현한 적이 있다.

"당신의 애교는 어느새 다 어디로 사라졌나? 당신 나한테 관심을 좀 가져주지. 애교도 부리고. 그러면 더 사랑스러워 보일 텐데…. 신혼 때는 잘했잖아요."

평소 숫기가 없어 애교 떠는 일을 어려워했던 아내는 나의 말에 시큰둥하게 대답한다.

"여보, 그것은 내 자아가 완전히 죽어야 가능할 것 같은데요. 아직은 준비가 안 된 것 같아요."

그런 대화가 있고 나서 며칠 후, 아내는 우리 가정을 위해 중보기도 해 주던 후배와 통화를 했다. 그 후배가 아내에게 이상하다는 듯이 말했다.

"언니, 혹시 이용규 선생님하고 무슨 일 있어? 하나님이 자꾸 두 분 기도를 시키시는데 기도 가운데 '주현아, 애교 좀 떨렴' 이렇게 말씀하시는 거야. 근데 참 이상하네. 하나님이 이런 것까지 말씀하시나?"

우리 부부는 그것이 무슨 말씀인지 알 수 있었다. 우리가 바로 며칠 전에 나눈 대화였으니 말이다. 이런 사소한 부분에 대해서까지 관심을 보이시는 하나님의 섬세하심에 우리는 둘 다 놀라고 감사했다. 그러나 점차 시간이 지나면서 혹시 이 문제가 우리 부부 관계의 본질적인 부분과 연결되어 있는 중요한 사안이기 때문이 아닐까 하는 생각이 들었다.

하나님께서는 아내에게 또 다른 방식으로 부부 관계에 있어서 자기 고집이 죽어야 한다는 깨달음을 주셨다.

아내가 밤에 교회에서 함께 기도하는 형제자매들과 기도를 하고 있는데, 하나님께서 정리하고 집으로 가라는 마음을 주셔서 집으로 돌아왔다. 그리고 자리에 눕기 전에 잠시 앉아 기도하는데, 하나님께서 아내에게 "사랑스러운 아내가 되어라…"라고 조용히 말씀해주셨다.

교회에서는 여러 사람이 함께 기도하고 있었기 때문에 이 부분에 대해서 아내에게 조용히 따로 말씀해주기를 원하신 하나님 아버지의 따뜻한 배려를 느끼면서, 아내는 그 부분에 대해서도 더 이상 고집 피우지 않고 하나님께 순종하겠노라고 고백했다.

하나님께 순종함과 결혼 관계

결혼 관계를 어렵게 만드는 것은 우리 개개인의 이기심과 고집이다. 마찬가지로 우리가 이기심의 발로에서 하나님을 나의 행복을 위해 필요한 존재로만 인식하는 한, 처음의 뜨거운 사랑의 감정은 식고 하나님과의 관계는 메말라가기 마련이다.

따라서 하나님께서는 부부 사이의 작고 사소한 부분들에까지 깊은 관심을 가지고 계신다. 부부 간의 친밀감이 하나님과의 친밀감과 맞물려 있기 때문이다. 부부 간의 관계에 문제가 있으면 하나님과의 친밀감에도 문제가 생기는 것을 종종 볼 수 있다.

이 일을 통해서 나는 하나님께서 중간에 계실 때 우리의 결혼 관계도 더 온전해진다는 것을 경험했다. 아내는 하나님의 도우심으로, 하나님을 사랑한다고 하나님나라를 위해 일하겠노라 고백하면서도 남편인 나의 작은 부탁에 순종하지 않으려던 자신의 모습에 대해서 회개했다. 나 역시 나의 서운함만을 생각하던 이기심을 하나님 앞에서 회개했다.

성경은 순종에 대해 이렇게 말한다.

사무엘이 이르되 여호와께서 번제와 다른 제사를 그의 목소리를 청종하는 것을 좋아하심같이 좋아하시겠나이까 순종이 제사보다 낫고 듣는 것이 숫양의 기름보다 나으니 이는 거역하는 것은 점치는 죄와 같고 완고한 것은 사신 우상에게 절하는 죄와 같음이라 삼상 15:22,23

예수 그리스도의 정결한 신부

성경의 결혼 비유는 요한계시록의 어린양의 혼인 잔치로 완성된다. 유대인의 혼인 풍습은 신랑과 그의 아버지가 신부 집에 방문해서 혼인 약속을 맺는 것으로 시작한다. 이렇게 맺은 정혼 관계는 결혼과 마찬가지로 법적, 사회적 구속력을 가진다.

그 후 신랑은 신부 집을 떠나 신부와 함께 거할 집을 준비한다. 예수님께서 제자들에게 거처를 예비하기 위해 떠나야 한다고 말씀하신 것이 이를 일컫는 말이다.

이 기간 동안 신부는 몸을 정결하게 하고 구별된 모습으로 신랑을 기다리며 신랑에 대한 사랑과 신뢰를 키워간다. 적어도 일 년 이상 계속되는 이 기다림 동안 신부의 정결함이 확인된다. 이것이 예수님의 초림과 재림 사이에서 살아가는 우리 성도의 모습이다.

우리가 즐거워하고 크게 기뻐하며 그에게 영광을 돌리세 어린양의 혼인 기약이 이르렀고 그의 아내가 자신을 준비하였으므로 계 19:7

그 후 어느 날, 신랑이 준비를 마쳤을 때 도적같이 와서 밤에 신부를 데려간다. 그때 신랑의 친구들이 나팔 소리와 함께 신부의 동네에 나타나 신랑이 다시 왔음을 알리고 신랑의 길을 예비한다. 신부는 이미 신랑의 소유이기 때문에 신랑은 모든 것이 준비되면 곧 그녀를 데려갈 권리가 있다. 그리고 신랑과 신부는 신방에 들고, 신랑의 집에서는 신랑의 아버지가 준비한 혼인 잔치가 시작된다.

예수님이 다시 오실 재림의 때는 바로 유대 결혼 풍습에서 신랑이 신부를 데려가는 시기로 묘사된다. 이때야말로 우리의 믿음생활이 완결되는 시기이다. 그렇기 때문에 이단들은 반드시 종말론을 강조하며 나온다. 이단들은 종말론 논의를 선점함으로써 기성 교회가 이 부분에 대한 두려움을 갖거나 아니면 무관심해지도록 만든다. 이단이 가지고 있는 가장 큰 독소는 바로 교회가 예수님의 재림, 즉 그분과의 완전한 결합의 때를 기쁨 가운데서 소망하는 것을 끊어버리는 데 있다.

결혼생활은 한쪽의 일방적인 필요를 채우기 위해 존재하지 않는다. 자신의 필요를 채우기 위한 결혼은 십중팔구 불행으로 끝맺게 된다. 결혼생활을 통해 우리는 한 사람에 대해 깊이 있게 알아가는 기회를 갖는다. 그리고 그를 통해서 나 자신이 어떤 존재인지도 확인하게 된다.

남편과 아내가 인생을 같이 걸어가며 서로를 알아가는 가운데 친밀한 관계를 맺는 것처럼 우리는 예수 그리스도의 신부된 자로서 그분과 같이 걸으며 소망 가운데서 그분을 친밀하게 알아가게 된다.

chapter 03

우리의 걸음을 인도하시는 주님을 신뢰하라

하나님과의 이인삼각

사실 하나님과 같이 걷는다는 것이 그렇게 쉬운 일만은 아니다. 하나님과 우리 사이에 존재하는 거대한 보폭의 차이 때문이다. 하나님께서는 세상에 속한 사람들과는 다른 생각을 가지고 계신다.

> 이는 내 생각이 너희의 생각과 다르며 내 길은 너희의 길과 다름이니라 여호와의 말씀이니라 이는 하늘이 땅보다 높음같이 내 길은 너희의 길보다 높으며 내 생각은 너희의 생각보다 높음이니라 사 55:8,9

따라서 하나님과 같이 걷기 위해서는 내가 같이 걷고 있는 그분이 어떤 분이신지를 이해할 필요가 있다. 그리고 그분의 보폭에 익숙해지려는 노력이 요구된다. 그런데 이러한 하나님과 우리의 연합에 있어서 더 힘들고 더 많은 노력을 요하는 쪽은 하나님이심이 분명하다. 주님이 우리와 연합하기 위해서는 우리의 보폭에 맞춰주셔야 하기 때문이다.

어린아이와 어른이 서로 발목을 묶고 이인삼각 경기하는 것을 연상해보자. 그 연합이 제대로 되어서 서로 넘어지지 않고 걸을 수 있으려면 어른이 어린아이의 보폭에 맞춰주는 수밖에 없다.

하나님께서 우리와 연합하자고 하시고 같이 걷자고 하시는 것은 이와 마찬가지로 우리의 보폭에 하나님이 맞춰주시겠다는 것이다. 어른이 어린아이 수준에 맞춰서 같이 걷는 것은 쉬운 일이 아니다. 그럼에도 불구하고 하나님께서 그 불편함을 직접 감수하겠다고 나서신 것이다.

믿음 동행의 방해꾼

믿음으로 하나님과 같이 걷는 것을 방해하는 것이 하나 있는데, 그것은 다름 아닌 하나님과 같이 걷는 과정에서 우리가 경험하는 서운함과 실망감이다. 왜냐하면 하나님의 생각과 나의 생각은 다를 수 있기 때문이다. 하나님이 옳다고 생각하시는 것과 내가 옳다고 생각하는 것이 다를 수 있으며, 하나님의 계획과 나의 계획이 다를 수 있다.

이렇게 우리가 하나님의 생각을 이해할 수 없는 상황에서 발생하는 각종 어려움은 우리에게 실망감을 안겨주고 또 서운함을 느끼게 한다. 일단 이런 실망감과 서운함이 틈타게 되면 하나님과 같이 걷는 것 자체가 너무도 버겁고 어렵게 느껴지기 시작한다. 그리고 사탄은 그 틈을 놓치지 않는다.

유럽 코스타(KOSTA, 한국유학생수련회) 참석과 순회 집회 일정 가운데 가족을 동반해서 여행한 적이 있었다. 당시 일곱 살이었던 동연이는 자기 또래 아이들이 컨퍼런스 장소에 위치한 수영장에 놀러 가는 것을 보고 부러워했다. 동연이는 저녁 식사 때부터 수영장에 가고 싶다고 제 엄마를 조르기 시작했다. 그러나 컨퍼런스 장소에 수영장이 있을 거라는 생각을 미처 하지 못한 우리는 수영복을 챙겨 오지 않았고, 그곳에는 수영복을 사거나 빌릴 수 있는 곳도 없었다.

내가 집회에 참석하고 있는 동안 동연이는 엄마 앞에서 절망스럽게 울기 시작했다. 아내는 결국 팬티만이라도 입혀서 수영을 시킬 수 있는지 알아보기 위해 아이와 함께 일단 수영장으로 향했다. 수영장으로 가는 동안 동연이는 하나님께 기도했다.

"하나님, 저 꼭 수영하며 놀고 싶어요."

그때 마침 탈의실에서 만난 한 한국 분이 동연이의 이야기를 듣고 딱하게 여겨 주변을 둘러보다가 한구석에 놓여 있는 아동용 수영복을 발견하고는 주워 오셨다. 입어보니 마치 제 것처럼 동연이에게 딱 맞았다. 동연이는 자기의 기도를 들어주신 하나님께 감사하며 신나고 즐거운 시간을 보냈다. 한참을 놀고 난 뒤에 동연이와 아내는 수영복을 벗어서 주인이 찾아갈 수 있도록 수영장 한쪽에 놓고 돌아왔다.

하나님 정말 계신 거 맞아?

동연이는 다음 날도 수영장에 가서 놀고 싶어 했다. 그러나 또 수영복이 문제였다. 동연이는 엄마를 졸라서 수영장에 가면서 또 하나님께 이렇게 기도했다.

"하나님, 저 오늘 또 수영하고 싶어요."

마침 일정이 비어 함께 수영장으로 향하던 나는 조르는 동연이를 보면서 안쓰러운 마음에 혹시나 하면서 먼저 달려가 탈의실을 둘러보았다. 그러나 수영복은 어느 곳에도 놓여 있지 않았다. 수영복이 없다는 말에 동연이는 대뜸 제 엄마를 올려다보며 "엄마, 하나님 진짜 계신 거 맞아?"라고 묻는 것이 아닌가?

나는 그 말을 듣고 어이가 없었다. 바로 어제 수영복을 발견하고는 "하나님이 기도를 들어주셨다!"며 좋아하던 녀석이 똑같은 입으로 하나님의 존재를 의심하는 것이 아닌가. 이 아이에게 하나님이 계신지 안 계신지 그 존재 기준은 그저 자신의 요구를 들어주는지의 여부에 있었다.

문득 깨닫게 된 것이 있었다. 동연이의 모습이 바로 우리 어른들의 모습과 크게 다르지 않다는 것이다. 그 모습은 바로 우리의 모습이기도 했다. 자신이 원하는 대로 길이 열리면 감사하고 좋아하지만, 자신이 원하는 것과 다른 방식으로 일이 진행되면 하나님의 존재나 하나님의 우리를 향한 관심 여부에 대해서 당장 회의하게 되는 것이다.

동연이는 그날, 수영복은 없었지만 팬티를 입은 채 수영장에 들어가 재미있게 놀 수 있었다. 감사하게도 한국 아이들 외에는 수영장을 찾은 아이들이 없어서 그것이 가능했다. 하나님은 동연이가 원하는 방식대로 응답하지는 않으셨지만, 수영장에서 놀고 싶다는 동연이의 요청에 다른 방식으로 응답하신 것이다.

우리가 하나님의 응답을 받지 못하는 많은 경우에 그 이유는, 방식에 있어서 우리의 요구를 가지고 하나님의 응답 방식을 제한하려 하기 때문이다. 하나님은 결코 우리의 요구로 인해 제한받으시는 분이 아니다.

우리가 하나님의 마음을 이해하면 할수록, 그분을 알면 알수록 하나님께서 우리의 기도에 우리가 원하는 방식대로 들어주시지 않는 이유에 대해서도 알게 되며, 더 나아가 하나님께서 우리의 기도를 바로 들어주시지 않는다 해도 마음 깊은 곳에서 감사와 자유함 가운데 주님의 뜻에 기꺼이 반응하게 된다.

믿음이란 상황을 살펴서 신뢰할 만하다는 사실을 확인한 후에 믿는 것이 아니다. 그분을 믿기로 결정하고 난 이후에 비로소 신뢰감이 쌓여 가는 것이다.

불공평하신 하나님?

내가 미국의 어느 도시에 갔을 때, 모임에 초청을 받아 함께 식사를 하고 말씀을 나누는 시간이 있었다. 갑자기 자매 한 분이 내게 항의성 질문을 했다. 내가 쓴 《내려놓음》을 읽고 화가 많이 났다는 것이다.

이유를 들어보니, 자신의 기도에 대해서는 하나님이 너무 오랜 시간 침묵으로 일관하시는 것처럼 느껴지는 반면, 내 삶 가운데서는 하나님께서 무척이나 놀랍게 일해주신 간증을 읽으며 하나님이 공평하시지 않다고 느꼈다는 것이다.

안타깝게도 그 자매에게는 병에 걸린 딸이 하나 있었는데, 오랫동안 믿음을 가지고 기도했지만 하나님께서는 결국 그 딸을 데려가셨다고 한다. 그래서 깊은 상심의 시간을 보내게 되었고, 아직까지도 하나님에 대한 의구심을 떨쳐버리지 못하고 있다고 했다.

《내려놓음》의 독자들 가운데 많은 분들이 나의 간증을 접하면서 마치 저자인 나의 어떤 특별한 점이 하나님의 관심을 끌어서 하나님이 나에게만 특별 대우를 베푸신 것처럼 느낀다는 사실을 알게 되었다. 그리고 하나님이 자신에게는 차별적으로 대하시는 것처럼 느끼고, 그것이 상처가 되는 경우도 있다는 사실을 깨달았다.

아무래도 책은 하나님께서 오랜 시간 동안 일하셨던 것들을 선별하고 압축적으로 표현하게 된다. 그런 특징 때문에 독자들이 보기에는 저자의 삶 가운데 극적인 경험이 집중적이면서도 연속적으로 나타난 것 같은 오해를 불러일으키기 쉽다. 그러다 보면 하나님이 어떤 사람에 대해서는 자신과는 달리 아주 특별하게 대해주시는 것처럼 느끼게 된다.

그러나 공평하신 하나님은 어느 누구에게든 오랫동안 침묵하며 응답하지 않는 것처럼 대하시는 기간이 있다. 아마도 그 시간이 그 사람의 믿음의 성장을 위해 반드시 필요하기 때문일 것이다. 모세에게는 하나님의 소명을 받기 전 40년이라는 세월이 그러한 기간일 것이다. 요셉도 애굽의 총리가 되기까지 오랜 시간을 기다려야 했다.

나 역시 하나님께서 내 기도를 듣지 않으시는 것 같은 느낌 때문에 힘든 시기들을 수없이 지나왔다. 많은 사람들에게 성공적인 사역으로 인식되어 있을 몽골에서의 대학교 사역을 감당하는 가운데 나 홀로 버려진 듯한 느낌을 받을 때가 몇 번이나 있었다. 하나님은 정말 신뢰할 만한 분이신가? 나의 기도에 귀를 기울이고 계시는가? 이런 의문이 하루에도 몇 번씩 내 머릿속을 스쳤다.

요단강을 건널 수 없었던 모세
그 무렵 내가 집중적으로 묵상하기 시작한 구절이 있었다.

> 구하옵나니 나를 건너가게 하사 요단 저쪽에 있는 아름다운 땅, 아름다운 산과 레바논을 보게 하옵소서 하되 여호와께서 너희 때문에 내게 진노하사 내 말을 듣지 아니하시고 내게 이르시기를 그만해도 족하니 이 일로 다시 내게 말하지 말라 너는 비스가 산꼭대기에 올라가서 눈을 들어 동서남북을 바라고 네 눈으로 그 땅을 바라보라 너는 이 요단을 건너지 못할 것임이니라 너는 여호수아에게 명령하고 그를 담대하게 하며 그를 강하게 하라 그는 이 백성을 거느리고 건너가서 네가 볼 땅을 그들이 기업으로 얻게 하리라 하셨느니라 신 3:25-28

모세에게 있어서 자신이 백성들과 함께 가나안 땅에 입성하는 것은 40년간 그토록 꿈꾸고 바라왔던 숙원이었다. 그 꿈을 이루기 위해 모세는 광야에서 온갖 어려움과 고난을 감수해왔다. 하지만 하나님께서는 모세에게 가나안 땅에 들어갈 수 없다고 말씀하셨다.

하나님은 여호수아를 새 지도자로 하는 새로운 세대를 준비하셨고, 그들을 사용하시어 가나안 땅을 정복하도록 계획하셨다. 이제 가나안 입성을 바로 목전에 둔 상황에서 모세는 한 번 더 하나님께 약속의 땅에 들어갈 수 있게 해달라고 간청한다. 모세의 또 한 번의 간청에 하나님은 단호하게 선을 그으신다.

"이 일로 다시 내게 말하지 말라."

오래도록 하나님을 신실하게 섬겨왔고 또 하나님께 순종하며 온갖 고생을 감수해왔던 모세의 평생소원에 대해 하나님은 단 한마디로 거절하셨다. 모세의 입장에서는 마음에 두고두고 남을 만큼 서운할 수 있는 처사였다.

모세는 40년 이상의 시간 동안 기도를 통해 하나님의 놀라운 역사와 능력을 경험해왔다. 그의 간절한 중보로 이스라엘 백성을 광야에서 멸절시키시려는 하나님의 뜻을 돌이킨 적도 있었다. 그러나 이번만큼은 하나님의 반응이 단호했다.

하나님의 뜻을 돌이키는 기도

우리는 흔히 하나님의 뜻이 아닐 수도 있는 일에 대해서조차 떼를 쓰고 간절히 기도하여 자신의 뜻을 관철시키는 것이 좋은 기도라고 생각한다. 또 많은 경우 그렇게 할 것을 권장하기도 한다. 성경에서 하나님의 뜻을 돌이킨 기도의 예로 히스기야의 기도를 많이 언급한다.

히스기야가 곧 죽게 될 것이라는 이사야 선지자의 예언에 히스기야는 눈물로 하나님께 간구하여 15년의 생명을 연장받았다. 더욱이 하나님께서는 히스기야의 병을 낫게 하신다는 확증으로 그의 요청에 따라 해시계에서 해의 그림자를 십 도 물러가게 하는 이적을 보이셨다(왕하 20:1-11).

하지만 그 후 히스기야는 바벨론에서 온 사자(使者)에게 자신의 보물고와 군기고의 모든 것을 자랑하며 보여주는 큰 실수를 저지른다. 그리하여 비록 히스기야 때에는 유보되었지만, 궁극적으로 바벨론에 의해 나라가 망하게 되는 단초를 제공했다. 더군다나 그의 생명이 연장되어 아들 므낫세가 태어났다. 잘 아는 대로 그는 유다 역사상 가장 악독한 왕 중 하나로 기억되는 인물이다.

히스기야의 생명 연장은 결국 유다 백성들을 55년 간 악한 왕 므낫세의 통치하에서 신음하게 했다(왕하 21장 ; 대하 33장 참조). 어리석은 인간이 하나님의 뜻을 돌이키는 것이 결코 좋은 결과를 내는 것이 아님을 보여주는 한 예다. 사람의 눈에 보기에 좋은 것이 전지하시고 온전하신 하나님 보시기에도 좋은 것은 아니다.

모세의 꿈을 좌절시키신 하나님

모세는 자신이 약속의 땅에 들어가지 못하는 것에 대해서 "너희 때문에"(신 3:26)라고 말한다. 즉, 이스라엘 백성의 잘못 때문에 자신의 꿈이 좌절되었다는 뜻이다. 모세가 이렇게 생각할 수 있는 소지는 충분히 있었다. 가데스 바네아 광야에서 물이 없으므로 이스라엘 백성들이 모세와 아론에게 모여들어 불평을 늘어놓았다.

그때 하나님께서는 반석을 명하여 물을 내라고 하셨지만 모세는 분노 가운데 지팡이로 반석을 두 번 치게 된다. 하나님은 그것을 기뻐하지 않으셨다. 모세가 하나님의 오래 참음과 인자하심을 드러내지 않고 분노하는 모습으로 하나님을 대신하는 자리에 섰기 때문이다. 그러나 우리가 성경의 다른 곳을 살펴보면 하나님께서 단지 모세의 그 한 번의 실수에 대해 책망하고 벌하시기 위해서 그를 가나안으로 들이지 않으신 것이 아님을 알 수 있다.

하나님의 계획은 이미 오래 전부터 정해져 있었다. 그 사건은 막 광야생활을 시작하는 시기에 발생했는데 공교롭게도 반석에서 물을 낸 가데스 바네아 광야에서 시작되었다. 당시 이스라엘 백성들은 각 지파 수대로 열두 명의 정탐꾼을 가나안 땅에 보내어 그 땅의 허실(虛實)을 탐지하도록 했다. 정탐 임무를 마친 정탐꾼 중에 오직 여호수아와 갈렙 두 사람을 제외한 열 명이 부정적인 내용으로 가나안 땅에 대해 보고하였고, 그 보고로 인해 이스라엘 백성들이 여호와를 원망했다. 이스라엘 백성의 믿음 없음을 보신 하나님은 여호수아와 갈렙 외에는 20세 이상 되는 성인 모두 약속의 땅에 들어갈 수 없다고 말씀하셨다. 결국 모세도 가나안 땅에 들어가지 못하도록 이미 오래 전에 정해진 것이었다(민 14장 ; 신 1장 참조).

그렇다면 모세는 왜 광야생활 초기부터 약속의 땅에 들어가지 못하는 것으로 결정되어야 했을까? 모세의 꿈을 좌절시킨 하나님은 과연 믿을 만한 분이신 것일까?

　이 문제를 이해하기 위해서는 신약의 세계에서 하나님께서 하신 일들을 볼 필요가 있다. 예수님과 세례 요한의 관계는 여호수아와 모세의 관계와 맞물려 있다. 모세의 사명은 이스라엘 백성을 거느리고 홍해를 건너는 것이었고 여호수아의 사명은 그들을 데리고 요단강을 건너 약속의 땅을 정복하는 것이었다. 세례 요한은 죄 사함을 받게 하는 회개의 세례를 통한 천국의 준비를, 예수님은 천국 침노와 확장을 담당했다. '여호수아'라는 이름은 '예수'라는 이름과 같은 어근을 가지고 있다. 두 이름 사이에 연결점이 있다. 모세와 세례 요한에게 준비자 내지 개척자의 사역이 주어졌다면, 여호수아와 예수님께는 성취자 또는 완성자의 사역이 주어졌다.

　세례 요한은 자신에게 주어진 사명의 범위를 잘 알고 있던 사람이었다. 그는 자기 뒤에 오실 분의 길을 평탄케 하는 것이 자신의 사명임을 분명히 했으며, 자신은 그분의 신발 끈 매는 것조차 감당하기 어려울 것이라고 공언했다. 사역의 후발 주자인 예수님을 세워주는 것이 요한 자신의 가장 중요한 임무였다. 그런데 그 예수님이 자신의 사촌 동생이었다. 세례 요한은 어렵게 느꼈을 수도 있었겠지만 순종했다. 예수님을 위해서 자신의 사역 기반이나 제자들까지 양보했다.

　모세도 자신의 자리를 알았고 하나님의 계획에 순종했다. 모세에게는 그의 뒤를 이을 여호수아를 위해 준비하는 사역이 주어졌던 것이다. 세례 요한이 예수님께 세례를 베풀었던 것같이 모세는 여호수아에게 안수했다. 그때 여호수아에게 지혜의 영(靈)이 임한다(신 34:9). 이는 세례 요한에게 세례를 받으신 예수님께 비둘기 같은 성령이 부어진 것과 대비를 이룬다. 성령이 그 선배 사역자라는 통로를 통해서 후배 사역자에게로 흘러가신 것이다.

하나님, 왜 저에게?

예수님의 길을 예비하였던 세례 요한의 죽음은 일반적으로 예상하기 어려운, 매우 비참한 죽음이었다. 그가 헤롯 왕의 부정한 결혼을 비난한 데 앙심을 품은 헤롯과 헤로디아는 그를 잡아 옥에 가두었다. 우리는 사도행전에서 감옥에 갇힌 베드로를 풀어주시는 하나님을 만난다. 그러나 세례 요한에게는 그런 일이 일어나지 않았다.

어느 날 그는 결국 형장으로 향한다. 목이 잘려나가기 전에 세례 요한은 무슨 생각을 하고 있었을까?

"하나님, 왜 제게?"

어쩌면 이것이 그가 마음속 깊이 묻어두었던 질문이었는지 모른다. 그리고 이 질문은 바로 요단강을 눈앞에 둔 모세의 질문이기도 했다.

나도 이 문제를 가지고 씨름하던 시기가 있었다. 2007년 호주에서 순회 집회가 진행 중일 때 한국인 단기선교팀이 아프간에서 피랍되었다는 소식을 접했다. 몽골에서 함께 시간을 보냈던 단기선교팀들 생각이 나서 나도 마음을 찢으며 기도했다. 그리고 그들을 살려달라고 하나님께 매달려 간청했다.

그런데 문득 기도 가운데 내가 기도하고 소망하는 것과는 다른 결과가 생길 것에 대한 불안하고 안타까운 마음이 찾아왔다. 기도하던 중에 기도의 방향이 바뀌게 되었다. 처음에는 인질들의 무사 귀환을 놓고 기도했지만, 시간이 지날수록 주님의 뜻이 이루어지기를 원하는 쪽으로 기도의 흐름이 바뀌어갔다. 어떤 일이 일어나든지 주님의 완전하심과 그 계획의 선하심을 신뢰하는 쪽으로 기도하게 되었다. 그리고 주님의 계획은 우리가 바라는 것과는 다른 것일 수도 있음을 고백했다.

하지만 내 안에 꺼지지 않는 질문이 있었다.

"하나님, 왜…? 그리고 왜 하필 그들에게?"

팀을 이끌었던 목사님과 또 다른 청년의 순교 소식을 인터넷을 통해 확인하고는 마음이 저려왔다. 기도하던 중에 내게 한 질문이 주어졌다.

"너는 죽음의 문제를 극복했느냐?"

크리스천들 가운데 많은 사람들이 아프간 피랍 사태를 지켜보면서 '하나님을 열심히 섬기다가 저런 동일한 어려움이 나에게도 닥치면 나는 어떻게 할 것인가?'라는 질문을 자신에게 던져보았을 것이다. 그러다가 더 생각하면 마음이 어려워질 것 같아서 더는 생각을 하지 못하고 그만 멈추었던 기억이 있을지 모르겠다.

하나님의 이 질문은 "나를 믿는 것이 혹 너희가 원하는 것을 얻기 위해서는 아니니? 너희는 나를 도구로 간주하고 있니? 아니면 목적으로 보고 있니?"라고 물으시는 것 같았다.

한국 교회는 이 사건을 둘러싸고 치열한 영적 전쟁을 치러야 했다. 사탄은 이 일을 통해 우리를 절망케 하고 하나님에 대해 의심하고 실망하게 하려고 했다. 그러나 하나님은 이 일 가운데 우리가 주님의 주권을 인정하고 있는지를 물으셨다.

십자가 사명

나는 아프간 피랍 사건을 통해 당시 부흥을 기다리고 있던 한국 교회를 향해 하나님께서 물으시는 것이 있다고 느꼈다. 한국 교회는 1907년 평양 대부흥이 있은 지 꼭 100년이 되는 2007년의 시작과 함께 부흥을 위해 간절히 기도해왔다.

우리는 부흥을 통해서 교회가 커지고 사람들이 많이 모이고 교회의 영향력이 증대되고 예배에 감격이 넘치기를 바란다. 그러나 우리가 원했던 부흥은 하나님이 주시려고 예비한 부흥과는 다를지도 모른다. 부흥의 본질은, 내가 죽고 주님의 주권이 내 삶의 모든 영역을 직접 통치하는 것이다. 내 삶의 의지 구석구석까지.

부흥을 원했던 한국 교회에 아프간 사태를 허락하시면서 주님이 물으신다고 생각되었다. 우리가 무엇을 위한 부흥을 구하고 있는 것인지를…. 그리고 우리를 미궁 속에 남겨두셨다. 세례 요한에게 무고한 죽음이 주어질 때 그것을 허락하신 하나님, 그분은 세례 요한의 "왜?"라는 질문에 어떻게 답하셨을까? 그 질문은 예수님의 입을 통해서 다시 우리 귀에 전해진다. 골고다 언덕에서 십자가에 달리신 예수님은 시편 구절을 인용하여 하나님께 이렇게 외친다.

"나의 하나님, 나의 하나님, 어찌하여 나를 버리셨나이까?"(시 22:1 참조)

이것은 예수님 이전에도 하나님을 섬겼던 수많은 이들이 고통과 핍박 가운데 처할 때 가졌던 질문이다.

이 질문에 대해서 하나님은 끝까지 침묵하셨다. 예수님은 그렇게 침묵 가운데 십자가에서 저주받은 채 버려지셨다. 이 일 가운데 예수님의 사명이 묻혀 있었기 때문이다. 우리의 고통 이면에 그리고 하나님의 침묵 배후에 우리에게 주시는 하나님의 사명이 숨겨져 있다.

모세의 요청에 대한 하나님의 단호한 거절은 단순히 모세의 실수에 대한 징계의 이유만은 아니었다. 모세가 이스라엘 백성의 실수와 불순종의 문제가 자신의 요청에 대한 하나님의 거절의 이유라고 생각한 것은, 그가 주님의 인류 구원 계획의 전모와 그 모든 이유들에 대해서 아직 이해할 수 없었기 때문이리라.

하나님이 모세의 간구를 거절하시고 세례 요한을 형장에 버려두신 이면에는 그들이 받은 사명이 숨어 있었다. 그들은 예수님의 사역을 예표하고 준비하는 자로 부르심을 받았던 것이다. 그들의 상실감과 거절감은 예수님의 십자가 사역의 증거가 되었다.

예수님이 그 모든 고난을 겪으셨기 때문에 그분은 우리의 상처를 치유하는 치유자가 될 수 있으셨다. 영적인 영역에서는 상처받은 사람이 치유의 열쇠를 가진다. 아이를 잃은 부모를 가장 잘 위로할 수 있는 사람은 동일한 아픔을 경험한 사람이다. 그가 아이를 잃은 상실감에 울고 있는 부모를 찾아가 "많이 힘드시죠? 내가 당신의 아픔을 압니다"라고 할 때 그 말에 진정한 위로가 담기는 것이다. 그 위로에는 누구의 위로보다 강력한 힘이 있다.

내가 그들의 상처를 사용할 것이라

세계의 여러 영적 지도자들이 한국의 신앙 전통에 대해서 긍정적으로 평가하며 주목하고 있다. 특히 내가 미국에 머무는 동안, 하나님께서 미국 내에 있는 한국 이민 교회를 향해 놀라운 계획을 가지고 계신 것 같다고 말씀하시는 분들을 여러 분 접할 수 있었다. 국제예수전도단을 이끄는 로렌 커닝햄(Loren Cunningham)이나 존 도우슨(John Dawson) 같은 분들이다.

그들의 말이, 한국 교회가 쌓은 산상기도와 금식기도의 전통은 세계 선교에 크게 기여한 주목할 만한 전통이며, 그 쌓인 기도를 통해 하나님께서 한국 교회의 다음 세대를 예비하고 계시다는 말씀이었다. 내가 머물던 타일러 베이스의 선교사님들도 서구 선교사들의 문화적 경험의 한계를 겸손히 인정하면서 아시아와 아프리카의 미전도 지역 선교를 위해서는 한국인들이 가진 문화와 전통의 도움이 필요하다는 사실을 고백했다. 아울러 미국의 한인 2세들이 이 전통을 이어받아 서구 선교 사역을 돕고 더 역동적으로 세워가기를 바라는 마음을 나누어주었다.

미국의 여러 영적 지도자들을 통해 하나님께서 미주 한인 이민 교회의 많은 아픔과 문제점에도 불구하고 그들을 사용하실 것이라는 놀라운 계획을 가지고 계시다는 이야기를 들을 때, 처음에는 이해가 되지 않았다. 어떤 사람은 미주 한인 2세들이 갖고 있는 영어 구사력과 이중문화에 대한 이해 그리고 좋은 교육 환경 등을 장점으로 보고, 이것을 하나님께서 사용하실 때 좋은 선교의 도구로 쓰임 받을 수 있을 거라고 말한다.

물론 틀린 말은 아니지만 여전히 납득하기 어려운 점이 있었다. 왜냐하면 정작 한국 이민 교회나 영어권의 2세들은 이런 한국 교회가 가진 영적 전통을 무시하거나 아니면 오히려 극복해야 하는 대상으로 보는 경우가 많기 때문이다. 한인 교회 어른들이 보여준 모습에 대한 상처나 분노가 있거나 아니면 자기가 속한 문화적 배경에 대한 자존감 상실이 그 주원인이다. 내 생각으로는 자존감이 높고 한국어를 비롯한 현지어와 영어 구사력이 좋은 중국이나 남미 등 제3세계권에서 자라나는 한인 2세들이 훨씬 더 좋은 그릇처럼 보였다.

그러던 어느 날, 기도 중에 하나님께서 내 마음에 감동으로 다가오셨다. 하나님께서 그들의 아픔과 상처를 쓰기 원하신다는 것이다. 미주 한인 2세들은 이중문화 속에서 압박을 받아왔다. 특히 미국의 주류 사회 속에서 비주류로 살아가는 것이 주는 압박감과 부담감을 온몸으로 받아야 했다. 이러한 아픔의 경험이 선교지에서 압박 받는 자들의 마음을 이해하고 그들을 섬기는 통로로 사용될 것이라는 생각이 내 안에 찾아왔을 때에야 비로소 나는 그들을 향한 하나님의 계획을 이해할 수 있었다.

하나님은 우리의 최악의 경험을 가지고도 최상의 섬김과 기쁨으로 바꿀 수 있는 능력을 가진 분이시다. 이것이 우리가 소망 가운데 기뻐할 수 있는 이유가 된다.

허락된 사명의 분량

모세는 요단강을 건너지 못하고 숨을 거두었지만, 그의 이야기는 거기서 끝나지 않았다. 하나님께서는 놀라운 반전을 준비하고 계셨다. 모세가 그토록 꿈에 그리던 약속의 땅을 실제로 밟는 기회가 주어졌다. 그것은 예수님이 오르셨던 변화산에서 이루어진다.

모세는 영광스러운 모습으로 변화하신 예수님과 함께 그 땅을 밟고 함께 거닐며 대화를 나누었다. 모세의 소원이 이루어진 것이다. 모세가 원했던 방식대로는 아니었지만, 하나님께서는 더 영광스러운 방식으로 그의 소원을 이루어주셨다.

변화산에서 예수님과 함께 말하던 엘리야도 모세와 같은 경험을 한 적이 있다. 엘리야는 갈멜산에서 바알과 아세라 선지자들과의 능력 대결에서 승리한 후 그 선지자들을 모두 처단하는 놀라운 성취를 이루었다. 곧이어 그의 기도로 비가 내림으로써 3년의 가뭄이 끝나는 이적도 본다.

그는 그것으로 이스라엘이 하나님께 돌아오게 되고 싸움은 곧 끝날 것이라고 생각했던 것 같다. 그러나 하나님은 아합과 이세벨을 벌하시기는커녕 그대로 내버려두셨고, 도리어 이세벨이 그를 잡아 죽이려 하자 그는 무서워 도망한다.

엘리야는 자기의 유별난 열심에도 불구하고 바뀐 것이 없자 크게 낙심한 나머지 하나님께 죽기를 청한다. 그런 엘리야에게 하나님께서는 바람과 지진과 불이 지나간 후에 세미한 음성 가운데 나타나신다. 그리고 그에게 명령하셨다.

> 너는 네 길을 돌이켜 광야를 통하여 다메섹에 가서 이르거든 하사엘에게 기름을 부어 아람의 왕이 되게 하고 너는 또 님시의 아들 예후에게 기름을 부어 이스라엘의 왕이 되게 하고 또 아벨므홀라 사밧의 아들 엘리사에게 기름을 부어 너를 대신하여 선지자가 되게 하라 왕상 19:15,16

하나님은 엘리야의 사명으로 세 명에게 기름을 부을 것을 예언적으로 명하셨다. 그러나 실제로 엘리야가 기름을 부은 사람은 엘리사 한 명뿐이었다. 하사엘에게 기름 부은 사람은 엘리사였고, 예후에게 기름 부은 사람은 엘리사의 한 제자였다.

하나님께서는 엘리야에게 사명을 주셨지만, 모든 사명이 그의 당대에 그의 손에 의해 이루어진 것은 아니었다. 그 사명이 온전히 이루어지기 전에 하나님은 그를 데려가셨다. 예수님 앞에 선 모세와 엘리야 모두 사명 가운데 약속은 받았지만, 그 성취를 보지는 못했다. 그 온전한 성취는 예수님을 통해서 가능하게 되었다.

모세는 요단강 동편 가나안 땅에 대한 약속을 받았지만 그저 바라볼 수만 있었을 뿐, 그의 당대에 그 땅을 밟고 소유하지는 못했다. 아브라함은 그 발로 밟은 땅을 미래 그의 후손의 소유로 하나님께 인정받았지만, 아브라함 자신이 당대에 그 땅을 물리적으로 소유하지는 못했다. 심지어 아내가 죽었을 때 장사할 땅조차 없었기 때문에 헷 족속에게서 막벨라 굴과 그에 딸린 밭을 돈을 주고 샀다.

나의 세대에 허락된 분량이 있다. 각자에게 맡겨진 영역에 충실하되 그 선을 넘지 않는 겸손, 하나님은 이 겸손이 필요하다는 사실을 모세와 여러 하나님의 사람들의 경우를 통해서 우리에게 가르쳐주신다.

하나님은 신뢰할 만한 분이시다!

하나님께서는 자신의 계획을 이루시기 위해 다양한 사람들을 부르시며 그들을 다양한 단계에서 다양한 방식으로 사용해가신다. 하나님은 한 사람을 오랜 시기에 걸쳐 사용하시기보다 각 세대마다 새로운 이들을 일으키신다. 역사의 긴 세월 가운데 계속해서 이어지는 각 세대를 부르심은 퍼즐 조각처럼 맞추어져 단계적으로 각 세대에 맞는 주님의 역사를 이루어간다.

모세의 요청에 대한 하나님의 거절은 바로 한 사역자의 쓰임 받는 시작과 끝이 오직 하나님의 주권에만 달려 있음을 설명해주는 것이다.

하나님께서 개척자로 부르신 자들을 개척 이후 그 과실을 누리거나 지키는 자로는 사용하지 않으시는 경우를 성경 도처에서 본다. 그것이 우리에게 유익하기 때문이다. 인간의 부패한 심성을 너무나 잘 아시기에 그 한계와 선을 지키게 하시기 위해 한 사람을 사명으로 부르시고 또 다른 자를 불러 그 뒤를 이어가게 하시는 것이다. 내가 부르심 받은 사명이 내 사역인지 아니면 주님의 사역인지는 내가 떠나는 모습과 그 떠난 자리를 보면 알 수 있다.

모세는 자신의 소원을 거절하신 하나님에 대해서 다음과 같이 고백했다.

> 그는 반석이시니 그가 하신 일이 완전하고 그의 모든 길이 정의롭고 진실하고 거짓이 없으신 하나님이시니 공의로우시고 바르시도다 신 32:4

그는 하나님께서 자신의 소원을 들어주시지 않는 것조차도 그분의 공평하며 진실하고 정직하신 성품으로 인한 것임을 고백했다. 그는 하나님에 대한 신뢰 가운데 자신의 소원이 온전히 성취되는 것을 체험할 수 있었다.

하나님은 신뢰할 만한 분이시다. 그리고 그분을 신뢰하면 할수록 더욱더 신뢰감이 쌓여가게 된다.

하나님의 음성을 듣는 삶은 늘 흥미진진하다. 내 삶이 하나님의 것으로 가득 채워지고 그분의 신비와 경이로움이 가득해 나의 삶을 주님이 원하시는 도구로 드려 쓰임 받기를 원한다면 이렇게 고백해야 한다.
"하나님, 말씀하시옵소서. 주의 종이 듣겠나이다."

part 02

주님과 같이 걸을 때 들리는
세밀한 음성

chapter 04

사랑하는 이의 음성 듣기를
간절히 사모하라

사랑하는 이의 음성을 사모하라

하나님과 같이 걸어가는 사람에게서 나타나는 삶의 특징은 하나님의 음성 듣기를 사모하고 또 그 음성에 온전히 반응하고자 한다는 것이다. 다른 말로 표현하자면 성령님의 음성에 귀를 기울이고 그분의 음성에 따라 그분과 같이 걷는 삶이라고 할 수 있다. 이 부분은 우리 한국 교회와 그리고 서구의 많은 교회들이 자칫 간과하기 쉬운 영역이었다.

나의 첫 책인 《내려놓음》이 출간된 이후 많은 독자들이 홈페이지 게시판이나 이메일을 통해 내게 질문하는 내용이 대부분 특정한 상황에서 어떤 것이 하나님의 뜻인지, 그리고 그 뜻을 분별하는 좋은 방법이 있는지에 대한 것이었다. 이 질문은 그 이후 몇 년간 계속해서 받고 있는 질문이기도 하다. 나는 의도적으로 이러한 질문에 대해서는 대답을 회피했다. 각자가 하나님의 응답을 받는 방법이 다를 수 있기에 내게 주어진 경험을 일반화시키는 것은 곤란하다는 생각에서였다.

이제부터 나누려고 하는 것이 하나님의 음성 듣기에 대한 모든 것은 아니다. 다만 내가 독자들로부터 받은 질문들을 중심으로 하나님의 음성을 듣는다는 것이 어떤 것인지에 대해 중요하다고 생각되는 몇 가지 부분을 함께 나누고자 한다.

더 자세한 내용에 대해서는 《하나님의 음성을 듣는 삶》(조이 도우슨), 《내 양은 내 음성을 듣는다》(브래드 저삭, 이상 예수전도단 역간), 《하나님을 경험하는 삶》(헨리 블랙커비, 요단 역간), 《하나님 음성에 응답하는 삶》(헨리 블랙커비 & 리처드 블랙커비), 《하나님의 음성을 듣는 법》(찰스 스탠리, 이상 두란노 역간) 등의 책을 통해서 도움을 받을 수 있을 것이다.

하나님의 음성을 듣지 못하면 확신이 없다

하나님의 음성을 듣는 것이 필요한 이유를 다시 한 번 절감했던, 기억에 남는 경험이 하나 있다.

아내와 어린 자녀를 한국에 두고 홀로 미국에 와 하버드대학교에서 석사 과정을 밟고 있던 한국인 한 분과 알고 지낸 적이 있다. 그 형제와 서로 신앙적인 권면도 하고 여러 가지 대화도 나누곤 했는데, 그는 성경 공부도 많이 한 총명한 사람이었다. 사회와 교회를 향한 비판 의식도 탁월했고 '이민 교회의 문제점'을 나름대로 잘 파악하여 정리하고 있었다.

한국 교회가 나아가야 할 미래의 방향에 대해서도 아주 해박한 지식을 근거로 삼아 논하던 형제였다.

그런데 이 형제의 삶의 모습 가운데 한 가지 문제가 있다는 것을 알게 됐다. 그것은 하나님의 말씀 가운데 반응하며 사는 훈련이 되어 있지 않다는 것이었다. 즉, 그 형제는 자신의 하루하루를 하나님께 물으며 한 발 한 발 하나님과 함께 나아가는 것에 대해 전혀 필요를 느끼지 못하고 지냈다.

그러는 가운데 그는 삶의 무게가 버겁기만 하고, 공부는 계속 자신을 짓누르는 것 같고, 미래도 어둡게 느껴지고, 가족들이 몹시 그리워지기 시작했다. 경제적인 부담, 학업 후의 계획에 대한 불확실성 그리고 부인과 아이를 한국에 두고 온 것에 대한 마음의 어려움 등으로 인해 모든 상황을 힘들어 했다.

'지금 내가 전공하는 분야가 비전이 있을까? 석사 과정을 마치고 나면 좋은 직장을 잡을 수 있을까? 월급은 얼마나 받을까? 나는 이 힘든 고비를 이겨낼 만큼의 재능이나 어학 실력이 없는 것 같아.'

고민을 거듭하던 그가 어느 날 내게 다른 분야의 대학원으로 전공을 바꾸어 진학하기로 결심했다고 말했다. 그러면서 캘리포니아에 있는 소규모의 대학들 중 몇 군데에 입학 신청을 해놓았다고 했다. 기왕이면 들어가기 쉬우면서도 나중에 졸업해서 취직이 잘 될 수 있는 안전하고 확실한 곳으로 가겠다고 생각한 것이다. 그 이야기를 듣고 나는 그 형제에게 한 가지 질문을 던졌다.

"형제님, 혹시 미국에 올 때 하나님께 기도하고 오셨습니까? 이 길이 하나님이 인도하시는 길이라는 확신을 받고 오셨습니까? 아니면 '하버드에서 입학 허가가 났네. 그렇다면 당장 가야지!' 하고 오셨습니까?"

그의 대답은 후자였다. 나는 그에게 이렇게 권면했다.

"그렇다면 저는 형제님의 문제를 알 수 있을 듯합니다. 형제님은 하나님께 묻고 가지 않기 때문에 지금의 과정 가운데서 은혜를 누리지 못하는 것이고, 또 어려움이 생길 때 정면으로 돌파하기보다는 되돌아가고 피해 가려고 하는 것입니다."

그 형제는 성경 지식은 많이 쌓았지만 정작 그것을 어떻게 자신의 삶 가운데 적용할지에 대해서는 전혀 알지 못하고 혼란스러워 했다.

인생의 고비마다 우리가 의지하는 것

하나님의 말씀을 듣고 그분과 동행하며 같이 걸어가는 삶에는 자신감이 있다. 어려움이 있어도 정면으로 돌파할 수가 있다. 그리고 그 어려움이 때로는 나의 성장을 위해 주어진 것이라는 확신을 가질 수 있다.

그런데 오랜 믿음 생활을 했다는 교인들조차 진로를 결정할 때 "어떤 길을 가는 것이 남들이 가장 알아주는 길일까? 어떤 길을 가는 것이 가장 확실할까? 어떻게 하면 가장 안정적으로 직장생활을 할 수 있을까?" 하는 것들에 일차적인 관심을 두고 사람들에게 묻거나 또는 신문이나 인터넷을 뒤지거나 책을 참고하면서 길을 찾으려고 한다. 정작 가장 중요한 하나님으로부터 오는 음성에는 귀 기울이지 않고 있다. 그리고 문제가 무엇인지를 알지 못한다. 이런 경우 만일 어려움이 닥치면 "내가 선택을 잘못했어. 그때 그 사람 말을 듣지 말았어야 했는데…. 지금이라도 다른 길을 찾아볼까?" 하는 식으로 후회하거나 앞으로 돌진하지 못하고 뱅뱅 돌기만 한다.

한번은 한 직장인 가정에서 식사를 한 적이 있다. 동료 직원들과 상관의 참소로 발령을 받은 기간도 다 채우지 못하고 갑자기 생각지도 않은 본국 귀국 명령을 받게 되었다. 그 분은 한국에 있을 때 교회 훈련 프로그램의 가장 높은 단계까지 마치신 분이었다. 그런 그 분이 자신의 인생에 갑자기 몰아닥친 위기 상황 앞에서 좌절감과 분노 가운데 어찌해야 할지를 알지 못하고 있었다.

물론 그 일은 누구에게나 힘든 상황일 것이다. 단, 문제의 관건은 그 일을 허락하신 하나님의 뜻을 구하며 그분의 인도하심 가운데 들어갈 수 있느냐에 있다.

그 분의 말이 지금까지 직장의 영역에서 한 번도 하나님의 뜻을 구하며 하나님과 동행하는 경험을 해본 적이 없었다고 한다. 이런 경우 본인의 신앙이 자기 자신의 삶의 영역에서 구체적으로 그 능력을 발휘할 수 없게 된다. 그리고 어려운 상황이 닥칠 때 하나님의 뜻을 찾아가는 것을 어려워하게 된다.

인생의 고비마다 "어떻게 하는 것이 하나님께서 원하시는 것입니까?"라고 묻는 것이 매우 중요하다. 대학교에 들어갈 때 무엇을 더 의지했는지 생각해보자. 자신의 점수로 어느 학교를 갈 수 있다는 입학 가이

드라인을 신뢰했는가, 아니면 적성검사표를 의지했는가? 아니면 하나님께서 당신의 삶 가운데 이루실 계획을 신뢰하며 그분께 맡기며 나아갔는가?

주님의 음성을 들을 때 새 힘을 얻는다

우리가 어려움을 겪거나 위기 상황 가운데 있을 때 하나님께서는 말씀을 통해서 우리를 위로하고 권면하신다. 또 앞으로 이루어질 일들에 대해서 알려주시며 새로운 힘을 얻도록 인도하신다.

이와 관련해서 아내가 수년 전에 한국에서 몽골로 돌아오는 길에 경험한 것 중 하나를 나누어보고자 한다. 당시 나는 몽골에 있었고 아내와 아이들이 한국에서 뒤늦게 들어왔는데, 그날 있었던 일이다. 이 사건을 아내의 일기에서 옮겨보았다.

한국에서의 일정을 마치고 오후 4시가 좀 지나서 몽골에 도착해 남편을 만났다. 집으로 향해 가던 중 옆에서 무리하게 끼어들던 트럭의 잘못으로 우리 차와 충돌하는 사고가 발생했다. 우리 차의 앞 범퍼가 떨어져나갔다. 그 트럭 운전사는 우리 잘못이라며 우리를 다그쳤다. 보통 몽골에서는 차 사고가 나면 경찰이 외국인에게 다 덮어씌우는 등 불리한 판정을 하는 경우가 허다하다. 동연이가 놀라서 울기 시작했다. 차를 세우고 경찰이 오기를 기다리는 동안 난감한 마음에 차 안에서 기도하기 시작했다.

"아이야, 여호와가 막아주리라."

10여 분 기도 끝에 받은 말씀이다. 하나님의 응답을 받자마자 나는 남편에게 말했다.

"여보, 여호와께서 막아주신대요."

얼마를 기다리니 경찰이 왔고, 상대편의 거짓말에도 불구하고 바른 판단을 내린 경찰은 그 트럭 운전사에게 우리 차를 고쳐주라고 했다. 남편이 말하기를, 내가 그때 참 든든해 보였다고 했다. 나도 남편을 도울 수 있는 자리에 있어서 무척 기뻤다.

아내는 우울증을 극복하고 난 후 하나님에 대한 더 큰 갈망이 생겨났다. 기도 훈련 가운데 하나님께서 성령의 은사인 방언과 함께 또 다른 성령의 깊은 은사도 주셨다. 간혹 우리 부부가 하나님의 뜻에 무지하여 하나님께 묻지 않고 가고 있을 때, 하나님께서 아내를 통해 하나님의 뜻을 알려주시기도 했다.

그 사고 당시, 우리가 두려움 가운데 빠졌을 때 하나님께서는 성령 안에서 우리에게 안정과 평안을 주셨다. 그리고 하나님이 미리 조치하셨음을 알려주심으로 우리를 위로하셨다. 이것은 내가 예전에는 경험해보지 못한 새로운 방식의 기도 응답이었다.

하나님께서는 날마다 새로움으로 우리에게 다가오시고 말씀하신다. 우리는 극적인 방식으로 부르심을 받기 원하지만, 하나님은 평범한 일상 속에서 이미 우리에게 말씀하고 계시는 경우가 많다. 우리가 깨닫지 못하는 이유는, 우리가 그분의 세미한 음성을 간과하기 때문일 것이다.

하나님의 음성을 듣는 삶은 늘 흥미진진하다. 그저 상식선에서만 삶을 경험하며 살아가고 싶다면 그동안 살아오던 대로 그냥 그렇게 살아가면 된다. 하지만 내 삶이 하나님의 것으로 가득 채워지고 그분의 신비와 경이로움이 가득해 나의 삶을 주님이 원하시는 도구로 드려 쓰임 받기 원한다면 이렇게 고백해야 한다.

"하나님, 말씀하시옵소서. 주의 종이 듣겠나이다."

하나님은 과연 말씀하시는가?

많은 독자들이 내게 질문한다.

"정말 하나님이 말씀하세요?"

나는 그 분들에게 묻는다.

"하나님이 인격이신가요?"

"네, 그렇다고 배웠습니다."

나는 다시 묻는다.

"우리도 인격을 가지고 있지요?"

"네…."

"인격과 인격의 만남에는 대화와 소통이 필요하겠지요?"

하나님께서는 인격이시며 소통을 원하시는 분이기 때문에 우리를 말하는 존재 그리고 대화하는 존재로 창조하셨다. 인격과 인격 사이에 교제를 하려면 소통이 필요하고, 소통의 가장 중요한 수단이 바로 대화이다.

하나님께서는 교제의 영(靈)이시다. 우리를 창조하신 이유도, 우리를 구원하시고 자신의 자녀로 부르신 목적도 교제하기 위해서다. 하나님은 우리를 친구로, 신부로, 아내로, 자녀로 부르셨다.

이러한 관계에서 가장 중요한 소통의 수단이 대화이다. 예수님은 "내 양은 내 음성을 듣는다"고 말씀하셨다(요 10:27). 목자를 따르는 양은 목자의 음성을 구별할 수 있다. 그리고 그 목자의 말에 따라 움직인다. 예수님을 따르는 자는 예수의 영(靈)이 우리에게 하시는 말씀을 듣고 순종한다.

우리가 외국어를 잘하지 못하면 외국인 친구와 교제하기 어려운 것이 사실이다. 그처럼 우리가 영(靈)으로 하나님과 대화하는 방식을 익히는 데 게으르면 그만큼 그분의 뜻을 세밀하게 분별하는 데 어려움이 생긴다. 막 태어난 신생아는 한동안은 엄마의 말을 알아듣지 못한다. 그저 자신을 보고 웃어주는 얼굴과 젖을 먹여주는 따뜻한 품을 느끼면서 조금씩 엄마라는 존재를 알아간다.

하지만 그 단계에 멈추면 곤란하다. 엄마가 쓰는 말을 배우고 엄마와 대화할 수 있을 때까지 지속적으로 자라가야 한다. 엄마와 대화를 나눌 수 있을 때 비로소 엄마가 어떤 사람인지 어떤 생각을 가지고 있는지를 배울 수 있게 된다.

아이가 배냇짓을 할 때도 물론 귀엽다. 하지만 말을 하기 시작하면 더 귀엽다. 서로 대화를 나누지 못할 때는 아이가 무엇 때문에 우는지 무엇 때문에 웃는지 가끔은 답답할 때가 있지만, 아이와 대화를 하기 시작하면 그 답답함이 점차 사라지면서 교제가 더 깊은 단계로 나아가게 된다.

우리가 거주하는 집 주변에는 수많은 라디오 전파가 흐르지만, 우리는 그것을 볼 수 없다. 볼 수 없고 들을 수 없기 때문에 마치 없는 것처럼 여기고 살아간다. 우리가 그 라디오 전파의 존재를 느끼는 때는 트랜지스터라디오를 켤 때이다. 라디오의 주파수를 맞추다보면 얼마나 많은 전파가 우리가 사는 공간 안에 흐르고 있는지 알 수 있다.

하나님의 음성을 듣는다는 것은 이와 같이 주파수를 맞추는 행위이다. 많은 경우에 우리의 순종과 겸손을 통해서 주파수가 맞추어지는 것을 본다. 하지만 어떤 경우에는 우리의 노력과는 무관하게 주님의 말씀이 일방적으로 임하는 것도 사실이다. 우리가 비록 죄 가운데 빠져 있을지라도 하나님께서는 우리에게 말씀하신다. 문제는 우리가 들으려 하지 않는다는 점이다.

수다쟁이 하나님

한번은 몽골국제대학교에서 사역자들을 위한 영성수련회를 가졌는데, 하나님의 은혜로 성령이 충만히 임했다. 한 자매에게도 성령이 충만히 임했는데, 집회 다음 날 그 자매가 내게 이렇게 말했다.

"순간 성령으로 충만해지면서 불현듯 하나님께서 제게 말씀하시기 시작했어요. 집으로 돌아간 이후에도 계속해서 주님이 말씀하셨어요. 침대 머리맡에서 주님의 음성을 듣다보니 어느새 새벽이 가까웠지 뭐예요. 그때까지 계속 말씀해주시기에 제가 하나님께 말했어요. '하나님,

이렇게 하고 싶으신 말씀이 많으셨어요? 그동안 갑갑하셔서 어떻게 참으셨어요?'"

이 자매가 들었다고 하는 하나님의 말씀은 세계 복음화를 위한 계획이나 조국통일 과업완수를 위한 비책 같은 거창한 것들이 아니었다. 그저 엄마가 딸에게 하듯 사소한 이야깃거리들이었다. 예를 들면 이런 말들이다.

"얘, 너의 몸을 건강하게 돌보아야 하지 않을까? 그러려면 따뜻한 물로 발도 씻고 일찍 자야 하지 않겠니? 나는 네가 아픈 것이 싫어."

자매는 그날 아침 내게 이렇게 말했다.

"알고 보니 하나님은 무척 수다쟁이시더라고요."

나는 속으로 웃었다. 재미있는 표현이기도 했지만, 문득 하나님은 상대에게 맞추어주시는 분이라는 생각이 들었기 때문이다. 평소 말하기를 좋아하는 자매들에게는 주로 어떻게 반응하시는지 알 수 있었다. 하나님은 각자의 상황에 맞추어서 각기 다른 방식으로 말씀하시며 교제하신다. 어쨌든 이것은 내게 놀라운 발견이었다. 온 우주를 운영하느라 바쁘실 그분께서 우리 사생활의 작은 영역에까지 관심이 많으시다는 것 말이다.

하나님께서 그토록 우리에게 말씀하기를 원하시지만, 우리 영혼의 안테나의 주파수가 맞지 않을 때 하나님의 그 간절한 마음이 우리에게 전달되지 않는 것이다. 그렇게도 대화 나누기를 원하시건만 우리가 듣지 못하기 때문에 얼마나 안타까우셨을까 새삼 생각해본다. 우리가 주님의 음성을 듣기 원하는 것 이상으로 하나님께서 우리에게 말씀하기를 원하신다.

사랑의 확인

그날 집회 가운데 많은 지체들이 하나님의 말씀을 들었다. 그런데 그들에게 처음으로 들려주신 말씀은 대부분 "내가 너를 사랑한다. 내가 너를 위해 몇 천 번이라도 사랑한다고 말해줄 수 있단다"였다. 이 말씀에 한 자매가 통곡하면서 오열하기 시작했다. 그리고 그 울음이 퍼져 나가기 시작했다.

그들이 우는 이유는 하나님이 자기를 사랑하는 것을 모르고 있다가 처음으로 알게 되어서 그런 것이 아니었다. 그들은 자기 나름대로 하나님이 자신을 사랑하심을 알고 또 자신도 하나님을 사랑하는 마음으로 충만했기에 젊은 나이에 선교지까지 와서 하나님을 섬기고자 했던 것이다. 하지만 하나님의 사랑하심이 그분의 말씀으로 전해졌을 때 통곡이 터져 나왔다.

결혼 전 아내는 이미 남편으로부터 사랑한다는 말을 들었을 것이다. 그가 자신을 실제로 사랑하기에 결혼했다는 사실을 알고 있을 것이다. 그런데도 아내는 남편이 자신에게 사랑한다는 말을 늘 해주기를 원한다. 그냥 아는 것만으로는 안 된다. 날마다 직접 사랑한다는 말을 들어야 행복감을 느낀다. 남편이 몇 년 전에 '사랑해'라고 말을 했으니 이제 앞으로는 그런 말을 들을 필요가 없다고 생각하는 아내는 하나도 없다.

또 연인들은 자신의 연인으로부터 직접 사랑한다는 말을 듣기 원하지, 다른 사람을 통해서 듣는 것으로 만족하지 않는다. 사랑은 직접 표현해야 한다. 하나님과의 관계도 마찬가지이다. 하나님이 우리를 사랑하시는 것을 알지만 그분의 사랑을 지속적으로 확인하는 것은 관계 맺음에 있어서 매우 중요하다.

성경에 보면 하나님의 사람들은 모두 하나님으로부터 직접 말씀을 들었다. 아브라함, 모세, 엘리야, 사도 바울, 베드로에게 여러 다양한 방식으로 그분 자신의 뜻을 보이신 하나님은 오늘날에도 우리에게 자신의 뜻을 나타내신다. 자녀들에게 다르게 반응하지 않으신다. 하나님께서는 우리가 성경을 읽거나 묵상하는 시간에만 말씀하시는 것이 아니라 우리 삶의 전 영역을 통해서 우리에게 말씀하신다.

자유의지와 하나님께 묻는 것 사이에서

또 어떤 사람은 하나님께서 우리에게 자유의지를 주셨는데 굳이 바쁘신 하나님께 세세한 것까지 물어야 하는지를 반문한다. 이와 관련해서 다음의 이야기로 답할 수 있을 것 같다.

2005년 가을, 김우현 감독과 규장 출판사 여진구 대표 일행이 몽골을 방문했다. 당시 울란바토르 시내로 차를 운전해주시던 장로님이 우리를 '자이승'이라고 불리는 전승 기념탑에 내려주시고는 잠시 볼일이 있다고 급히 떠나가셨다.

주변을 둘러보다가 그날따라 매섭게 추운 날씨 때문에 도저히 참을 수 없어 그곳 매점에서 잠시 몸을 녹이려는데 매점 문이 닫혀 있었다.

어쩔 수 없이 추위에 떨다가 보니 주차장에 차가 한 대 서 있는 것이 보였다. 가까이 다가가보니 차 안에 두 명의 젊은이가 있었다. 나는 그 청년들에게 잠시 차에 들어가 몸을 녹여도 되겠느냐고 물었다. 차 주인으로 보이는 청년은 마음씨 좋게 뒷좌석에 탈 수 있도록 허락해주었다.

고마운 마음으로 차 안으로 들어가 몸을 녹이는데 그 청년에게 복음을 전하면 좋겠다는 마음이 들었다. 그래서 함께 있던 이레교회 자매에게 통역을 부탁하여 전도하기 시작했다. 처음에는 두 명을 상대로 말씀을 전하다가 관심을 보이는 한 명에게 집중해야겠다는 생각이 들었다. 옆에서 여진구 대표도 거들기 시작했다. 아버님이 이슬비전도학교를 운영하신 분이니 전도에 대해서 보고 배운 것이 많을 거라는 생각이 들었다. 하지만 그 순간 여 대표가 지시하는 대로 하는 것이 맞는지 확신이 서지 않았다. 그래서 잠시 조용히 기도했다. 일순간 정적이 흘렀다. 그러자 그를 따르는 겸손함이 내게 필요하다는 확신이 왔다.

나는 주님의 음성에 순종했고, 그 결과 한 청년이 결신했다. 그때 마침 우리가 기다리던 차가 도착했고, 우리는 그 청년들과 작별 인사를 했다. 하나님이 연출하신 완벽한 타이밍이었다.

돌아오는 차 안에서 내가 그때 잠시 침묵했던 것은 하나님께 묻는 시간이 필요했기 때문이라고 말했다. 그러자 여 대표는 그런 것까지도 물을 필요가 있느냐며 의아해했다. 나는 물론 그 상황에서 반드시 하나님께 물어보아야 하는 것은 아니지만, 하나님의 인도하심을 구하는 것이 사람의 지혜를 따르는 것보다 더 안전하다고 답했다.

나의 뜻을 내려놓고…

여진구 대표 역시 하나님께 물었기에 그 결과 좋은 결실을 얻은 사건이 있다. 2007년 봄, 그가 나의 두 번째 책인 《더 내려놓음》의 원고를 검토하던 중, 하나님께 물으며 나아가라는 내용을 읽으며 도전을 받았다고 한다. 그는 잠시 원고를 덮고 기도했다.

"하나님, 지금 제게 원하시는 것이 있습니까? 있다면 무엇입니까? 제가 순종하기 원합니다."

기도 중에 '나가노'라는 단어가 떠올랐다. 그때 마침 김우현 감독과 손기철 장로님 두 분이 팀을 모아서 일본의 나가노라는 작은 온천 도시로 가서 그곳 유흥업소에서 일하는 한인 자매들을 섬기기 위한 계획을 세우고 있던 중이었다. 여 대표는 애당초 그 일에 대해 그다지 마음이 내키지 않아 동행하지 않으려고 했었다. 또 비행기 좌석도 문제였다. 나가노에 갈 수 있는 인원은 제한되어 있었고, 그때는 이미 신청한 인원수가 꽉 찬 상태였다.

그는 기도하기를, 표가 있으면 하나님께서 가라고 하시는 사인으로 알겠다고 했다. 그리고 바로 여행사로 전화를 걸어 확인해보았다. 그러자 여행사 담당자의 입에서 뜻밖에도 "할렐루야"라는 소리가 나오는 것이 아닌가. 마침 함께 가기로 했던 한 분이 사정이 생겨 여행을 취소하는 바람에 표가 생겼다는 것이다.

그 결과 여 대표는 나가노까지 동행하게 되었고 그곳에서 손기철 장로님의 기도 가운데 강력한 성령의 임재를 체험하게 되었다. 그 후 그는 하나님과 교제하는 데 있어서 영적인 도약을 경험하게 되었다. 대표를 변화시킨 하나님께서 규장 출판사와 갓피플닷컴 전 직원에게 근무 중 강력한 성령의 임재를 경험하게 하는 놀라운 사건을 허락하셨다. 결국 이 사건이 성령의 능력과 성령이 하시는 역사를 증거하는 책들이 규장을 통해 출간되는 데 중요한 역할을 하게 되었다.

한 사람이 현재 자신을 향하신 하나님의 뜻을 구하고, 그것이 비록 자기의 원래 뜻과 다를지라도 그 뜻에 순종하기로 결정했을 때 임하는 하나님의 기적과 축복을 보여주는 좋은 예이다.

하나님의 뜻을 따르는 최선

영적인 세계에서 성숙함의 표현은 '의존'과 '겸손'과 '순종'으로 나타난다. 세상에서 요구하는 성숙의 개념과는 반대이다. 십자가는 철저한 순종과 절대적인 의존의 정신이다.

이제 막 돌을 앞둔 셋째 하연이를 품에 안을 때마다 나는 아이의 평온함이 신기했다. 아이는 내가 자신을 떨어뜨리지는 않을지, 자기를 해치지는 않을지 단 한 번도 불안해하지 않았다. 전혀 의심 없이 온전히 자신을 맡겼다. 어떻게 저토록 편안히 품에 안겨 그것을 즐길 수 있을까? 이것이 절대적인 의존이다. 이 마음을 가진 사람이 하나님을 누릴 수 있다.

하나님의 음성을 듣는다는 것은 최선을 선택하겠다는 의지이다. 하나님만이 나의 최선을 아신다. 사도행전에 나오는 바울의 행적을 살펴보면, 그를 움직이는 것은 그가 하나님을 위해 하고 싶은 일, 그에게 합당해 보이는 일, 그의 생각에 절실히 필요한 일 따위가 아니었다. 그를 움직이는 원칙은 하나님의 명령이었다. 하나님께서 가라고 하시는 대로 가는 것이다.

'최선'의 가장 큰 적은 '다양한 좋은 것'들이다. 내가 보기에 좋은 것을 추구하다보면 최선을 놓치기 쉽다. 다가오는 기회가 다 하나님의 뜻은 아니기 때문이다.

성경에 나오는 '죄'의 뜻 가운데 "과녁을 빗나가는 것"이라는 의미가 있다. 누군가를 돕는 일은 좋은 것이지만 항상 좋은 것은 아니다. 교회를 건축하는 것이 좋은 일이지만 건축의 시기가 지금이 아닐 수 있고 우리가 원하는 방식과 하나님이 원하시는 방식이 다를 수 있다. 하나님의 일을 할 때에는 그분이 원하시는 타이밍이 있고 우선순위가 있으며 방식과 방향의 문제가 있다.

하나님과의 더 깊은 교제

하나님께 묻는다는 것은 겸손의 표현이다. 물론 세세한 부분까지 다 물을 필요는 없을 수 있다. 서울에서 지방에 가야 하는 경우 부산, 대구, 광주 등 어느 곳으로 가느냐가 중요하지 어떤 교통수단을 이용할지, 가는 동안 무엇을 할 것인지 하나님께 모두 물을 필요는 없을 수도 있다. 심각하지 않은 영역의 결정에 대해서는 하나님께서 우리에게 허락하신 자유의지를 발휘할 수 있을 것이다.

그러나 때로는 이런 사소해 보이는 영역에 대해서도 하나님께 묻는 것이 나쁘지 않다. 우리는 다음과 같이 하나님께 물을 수 있다.

"하나님, 어떤 방식이 더 좋은 것 같으세요? 혹시 제가 그 길을 가는 데 만나야 할 사람이 있나요? 그 일정 중에 제가 하기를 바라시는 일이 있으신지요?"

물론 그것을 묻는 이유는 그 과정 중에 하나님을 초청하고 하나님과 더 가까운 시간을 보내기 위함이어야 한다. 일일이 묻는 이유가 그저 가장 효과적인 방식을 찾아 더 편해지기 위해서라면, 묻는 행위가 관계를 발전시켜주지는 못할 것이다.

아담의 경우에도 동물들의 이름을 지을 때 하나님이 허락하신 범위 안에서 지혜롭게 자유의지를 사용하였고, 하나님께서는 그것을 기뻐하셨다(창 2:19). 우리도 자녀들이 부모에게 의지하지 않고 스스로 지혜로운 선택을 하는 모습을 볼 때 기특하다고 생각한다. 그러나 동시에 부모를 사랑하고 배려하는 마음으로, 그리고 부모의 지혜를 존경하는 마음으로 의견을 물어온다면 대견하고 기쁠 것이다.

하나님께 무엇을 묻는가 하는 문제는 어쩌면 개인적인 선호도나 성격, 성향과 관련이 있을 수 있다. 아내는 사소한 것 하나를 사는 것까지도 내게 묻고자 한다. 때때로 아내에게 자율성을 가지고 스스로 판단할 필요가 있다고 권면하기도 하지만, 또 때로는 물어봐주는 아내가 고맙게 느껴질 때도 있다. 사랑하는 사람이 동의하는 결정을 내리기 원하는 것이고, 함께하는 나에 대한 배려이기도 하다.

하지만 나는 주로 아내에게 묻지 않고 순간적으로 물건 구입 여부를 결정하는 경우가 많다. 내게 무엇을 살 것인가는 필요의 문제이지 배려나 관계의 문제가 아니기 때문이다. 따라서 나는 하나님께 이 물건을 사야 하는지를 묻는 경우가 그다지 많지 않다. 반면 아내에게는 내게 물으며 같이 쇼핑하는 것이 데이트가 된다. 최근 나 없이 혼자서 무엇을 사야 할 경우가 있으면 아내는 하나님께 여쭙곤 한다. 어느 날 아내는 일기에 이런 고백을 적어두었다.

딸 서연이를 돌봐주는 몽골 자매의 시계와 나의 옷을 사려고 강남역 지하상가로 갔다. 내가 봐두었던 검은색 조끼는 눈에 띄지 않고 분홍색 옷만 눈에 들어왔다. 분홍색을 좋아하는 서연이를 생각하다보니 분홍색에만 눈이 간다. 하지만 분홍색 옷을 사는 것이 욕심인가 싶은 마음에 쇼핑을 하다가 마음에 드는 옷을 들고 "하나님, 이 옷을 살까요?"라고 하나님께 묻자, 하나님께서 나만이 아는 방식으로 좋다고 대답해주셨다. 입가에 미소가 번졌다. 쇼핑하는 자리에까지 함께하시며 딸의 마음을 살피시는 하나님.

옷을 사고 나서 시계를 사려고 지하상가를 돌아다니다가 값도 저렴하고 예쁜 시계를 파는 곳을 발견했다. 몇 개를 보다가 하늘색 시계가 눈에 띄기에 "하나님, 이 시계가 바스카를 위한 시계인가요?" 하고 물었는데, 하나님께서는 다시 좋다고 대답해주셨다.

이 우주를 창조하신 하나님께서는 우리와 더 가까워지기를 원하신다. 하나님은 자신의 마음 깊은 곳에 있는 감정을 우리와 나누기 원하신다. 우리의 마음 가장 깊은 곳에 있는 그것을 받기 원하신다. 그리고 깊은 인격과 인격의 만남을 갖기를 원하신다. 이것은 놀라운 신비이다.

chapter 05

두려워하는 마음을 버리고
주 음성에 귀를 기울여라

가짜가 두렵다고 진짜를 외면하랴

　신자들 가운데 하나님의 음성을 듣는다는 것을 부담스러워하는 경우가 종종 있다.

　첫째로 하나님의 음성을 듣는다고 말하는 영적 지도자의 교만으로 인해 상처를 받아 이 부분에 대해 마음이 닫힌 경우이다. 성령의 은사를 받은 사역자들이 잘못된 길로 가는 경우가 빈번하게 발생하자 한국 교회의 주요 교단에서는 성령의 은사에 대해 거리를 두어 온 것이 사실이다. 또 카리스마를 가진 교회 지도자들의 영적 폭력이나 세속화, 교만으로 사람들이 시험에 들거나 낙담하거나 일부 신앙의 기반이 흔들리기도 했다. 하나님께서 특별히 자신에게 계시하셨다고 하며 자신을 신령하게 포장하여 개인적 유익을 추구함으로써 교회 공동체의 질서를 깨뜨리는 예가 적지 않았다. 실제로 성경에서도 거짓 선지자들의 예를 찾아볼 수 있다.

80년대와 90년대를 거치면서 한국 교회는 성경으로 돌아가자는 노력과 함께 성경공부가 교회생활의 중심에 자리잡게 되었다. 이러한 운동은 한국 교회에 많은 영적 유익을 가져다주었다. 그렇지만 이성(理性)의 깨우침만으로는 사람이 진정으로 변화되지 않는 것을 보면서 교회 안에 좌절감이 만연하게 되었다. 세상에서 사탄에게 패배하던 이기적인 크리스천의 모습이 성경 지식을 더한다고 해서 극복되지 않는다는 사실을 경험하기 때문이다. 성령의 감동 가운데 하나님께서 주시는 말씀(rhema)이 우리의 영(靈)과 혼(魂)을 흔들 때 진정한 변화는 시작된다.

성령 사역자들에 대한 상처와 함께 자유주의 신학이나 과학만능주의 사회 풍조의 영향으로 성령의 은사 자체를 무시하거나 부정하는 경향도 팽배했다. 그러다보니 하나님의 음성을 듣는 삶에는 주관적인 요소가 개입될 여지가 많다고 보고 회의적이거나 색안경을 끼고 관망하는 경우가 많았다.

세계에서 통용되는 화폐 중에 위조지폐가 가장 많은 것은 미화 100달러짜리 지폐이다. 왜냐하면 그것이 가장 가치 있는 화폐라고 인정받기 때문이다. 1달러짜리 위조지폐는 찾아보기 힘들다. 가치가 적기 때문이다. 그러면 미화 30달러짜리 위조지폐를 본 적이 있는가? 아마 누구도, 단 한 번도 보지 못했을 것이다. 미화 30달러짜리 진짜 지폐가 없기 때문이다. 진짜가 없으면 위조도 있을 수 없다.

마찬가지로 영적 세계에서 사탄은 하나님의 말씀을 위조하려고 애쓰기 마련이다. 너무나 가치 있는 일이기 때문이다. 가짜가 존재한다는 것은 진짜가 존재한다는 방증이 된다. 가짜가 두려워서 주님의 음성 듣는 것을 기피한다면 구더기가 무서워 장을 못 담그는 것과 같은 어리석음이 된다.

하나님 음성을 듣는 것은 누군가의 전유물이 아니다

둘째로 하나님의 음성 듣는 것을 영적으로 뛰어난 리더들만의 전유물로 생각하고 자신과는 거리가 먼 일로 간주하는 것이다. 많은 신자들이 하나님의 음성을 듣는 일은 신령한 은사를 받은 몇몇 소수들만이 누리는 특권이라고 여기는 경향이 강했다. 그래서 교회 안에서 누가 하나님의 음성을 듣는다는 이야기가 들리면 경계의 눈길을 주게 된다. 그리고 그것을 불편하게 여긴다. 여기에는 질시의 감정도 한몫한다.

하지만 하나님의 음성을 듣는 것은 하나님의 신령한 은사를 받은 몇 사람들에게만 주시는 선물이 아니다. 그것은 신랑 되신 예수께서 다시 오실 날을 기다리는 모든 사람들을 위한 선물이자 하나님을 아버지로 모신 자녀들의 특권이다.

모세 시대 때, 하나님께서 이스라엘 백성들에게 직접 나타나실 때에 백성들은 큰 불과 여호와의 영광을 두려워하여 직접 대면하기를 원하지 않았다(출 20:19 ; 신 5:25 ; 18:16). 하나님을 직접 대면하여 말씀을 듣고 그분이 자신들을 통치하시도록 내어드리는 것이 두려웠던 것이다. 그래서 그들은 모세를 통해서 간접적으로 듣기를 간청했다. 그 응답의 결과 그 후 이스라엘 백성들은 선지자나 제사장을 통해서 하나님의 말씀을 들었다.

민수기 6장에 하나님께서 놀라운 축복의 말씀을 이스라엘 백성에게 주고 계시는 장면이 나온다.

> 여호와는 네게 복을 주시고 너를 지키시기를 원하며 여호와는 그의 얼굴을 네게 비추사 은혜 베푸시기를 원하며 여호와는 그 얼굴을 네게로 향하여 드사 평강 주시기를 원하노라 할지니라 하라 민 6:24-26

그런데 이 말씀을 보면 간접화법으로 되어 있다.

"… 원하노라 할지니라 하라."

왜냐하면 하나님께서 먼저 모세에게 말씀하시고 모세는 그것을 아론과 그 아들들에게 말하고 그것을 다시 이스라엘 백성에게 전하도록 순서를 정하셨기 때문이다. 그 놀라운 은혜의 말씀을 이스라엘 백성은 직접 듣지 못했다.

하나님께서는 모세에게 백성의 장로 칠십 인을 세우라고 명령하셨다. 모세만이 아니라 그들을 통해서도 말씀하기를 원하셨던 것이다. 하나님은 구름 가운데 강림하셔서 모세에게 말씀하시고 그에게 임한 영(靈)을 장막에 모인 장로들에게도 임하게 하셨다. 그때 기명된 자 중에 두 명이 진영에 머물고 장막에 나아가지 않았는데, 그들에게도 예언이 임했다. 여호수아는 모세를 위해 그들이 예언하는 것을 제지하도록 모세에게

청했다. 그때 모세는 다음과 같이 말했다.

> 네가 나를 두고 시기하느냐 여호와께서 그의 영을 그의 모든 백성에게 주사 다 선지자가 되게 하시기를 원하노라 민 11:29

하나님께서는 모든 사람에게 하나님의 영(靈)이 부어지기를 소망한 모세를 특별히 들어 쓰셔서 자신의 말씀의 통로로 사용하셨다. 우리는 이 점을 주목할 필요가 있다. 모세가 열린 마음을 가지고 있었기에 하나님의 쓰임을 받아 말씀의 통로가 된 것이다.

우리는 지금도 이스라엘 백성처럼 행동하고 있다. 누군가 큰 은혜를 받고 영적 은사를 받았다고 하면, 그 사람을 통해서 나에게 주실 하나님의 말씀에 관심을 갖는다. 하지만 내가 직접 하나님께 듣는 수고로움은 원하지 않는다.

《내려놓음》의 출간 이후에 많은 상담 요청들이 내게 쏟아져 들어왔다. 하지만 나는 대부분 이렇게 답해줄 수밖에 없었다.

"하나님께 직접 물어보세요."

물론 신앙의 연륜이 있는 사람과의 상담이나 조언은 반드시 필요하고 또 매우 중요한 일이다. 그러나 내가 강조하는 것은, 하나님께 기도하면서 나아갈 때 주시는 하나님의 위로와 변화와 인도하심을 개인적으로 경험해야 할 필요에 대한 부분이다.

어쩌면 내게 질문하고 도움을 청하는 많은 분들의 속마음은 빠른 시간 안에 쉬운 길을 찾고 싶었던 것인지 모른다. 그래서 신뢰할 만한 사람을 찾아 그를 통해서 자신이 결정한 일을 확인받기 원했을 것이다.

그러나 나는 내가 이 일의 중개자로 있는 것이 옳지 않다고 느꼈다. 기도를 받거나 상담을 받는 것은 분명 귀한 일이지만, 그런 누군가를 통해야만 하나님의 섭리를 더 잘 깨닫는 것은 아니라고 생각하기 때문이다.

우리가 하나님께 직접 나아가기를 꺼려 하는 이유는 하나님이 말씀하시는 내용이 내 생각과 다를지 모른다는 불안감 때문일 수도 있다. 또 하나님의 음성을 듣는 과정 자체가 그렇게 쉬운 것은 아니기 때문이다. 때로는 무릎을 꿇어야 하고 어떤 때는 몇 날 며칠을 기도하며 기다려야 한다. 그래서 사람들이 좀 더 쉬운 방법을 찾아 세상 이곳저곳을 기웃거리는 것이다. 누군가 나 대신 하나님의 음성을 듣고 이야기해주면 좋겠다는 것이다. 하지만 조심해야 할 일이다.

내가 아들에게 아빠로서 해줄 이야기가 있다고 가정해보자. 그런데 직접 이야기하지 않고 친구에게 가서 "미안하지만 내 아들한테 이렇게 좀 전해주게"라고 부탁한다면 얼마나 우스꽝스럽고 이상하겠는가? 이것은 부모가 원하는 방법이 아니다. 하나님도 마찬가지이다. 자녀인 우리에게 직접 말씀하기를 원하신다. 그런데 우리는 하나님을 아버지라고 고백하면서도 하나님으로부터 직접 조언을 들으려고 하지 않는다. 하나님으로부터 직접 들으려고 하지 않으면서 다른 누군가를 통해서는 들으려고 한다. 문제는 항상 그 가운데 악한 것들이 낄 때가 많다는 것이다.

결혼 결정을 앞두고 영적 분별력이 있는 목사님에게 기도를 부탁하여 좋은 응답을 받았으나 정작 결혼생활에 어려움을 겪게 된 예들이 있다. 그 결과의 심각성 때문에 서로에게 상처가 되기도 한다. 다른 사람을 통해 응답을 듣고 응답받은 대로 행하다가 어려움을 만날 경우, 이 어려움이 잘못된 길을 선택해서 발생한 것인지 아니면 바른 선택이지만 넘고 이겨내야 하는 고비인지 자기 마음에 확신이 없이 우왕좌왕하게 된다.

따라서 적어도 자신의 문제, 그 가운데서도 정말 중요한 사안에 관한 한 하나님으로부터 직접 응답을 들어야 한다. 하나님이 직접 말씀하시도록 각자 귀를 열어야 한다.

하나님의 음성을 듣고 실패한 경험이 두렵게 한다

셋째로 하나님으로부터 온 말씀을 듣고 움직였다고 생각했는데 실패한 경험이 있으면 실망감과 우려로 인해 더 이상 하나님의 음성에 귀 기울이기 힘들어하는 경우도 있다.

타일러 베이스를 떠나기 이틀 전에 있었던 일이다. 차에 짐을 싣고 떠날 차비를 다 마쳤을 때였다. 이제 곧 가족과 함께 텍사스를 떠나 미국 서부의 몇몇 지역을 돌며 예정된 집회를 하고 로스앤젤레스로 향하는 일정이었다. 로스앤젤레스에서 사용하던 차를 넘기고 한국으로 들어가는 것까지 일정이 확정되어 있었다.

그런데 베이스에서 훈련받던 한 형제가 강의실 앞에서 나를 보더니 다가와 쭈뼛쭈뼛하면서 어렵게 말을 꺼냈다.

"실은 선교사님께 할 말이 있어요. 저는 이 말을 하고 싶지 않은데, 성령님이 주시는 부담 때문에 순종하는 마음으로 합니다."

이야기를 들어보니 이랬다. 그 형제의 부인이 꿈을 꾸었는데, 꿈에 우리 집 차를 보았고, 하나님께서 "이 차가 너희의 차가 될 것이다"라고 말씀하셨다는 것이다. 그런데 며칠 전에 우연히 나의 아내로부터 차를 로스앤젤레스에서 넘길 것이라는 이야기를 들었다고 한다. 형제는 하나님께서 이 사실을 내게 직접 말하기 원하신다는 마음을 받았지만, 차마 말하지 못하고 있었던 것이다.

그런데 며칠 전 기도를 하는데 왠지 하나님과의 관계에 냉랭함이 느껴졌고, 하나님의 말씀에 순종하지 않은 부분이 있는지 살피는 가운데 이 일이 생각나 이렇게 고백했다고 한다.

"제가 내일이라도 선교사님이 떠나기 전에 만날 수 있으면 하나님께서 기회를 주시는 것으로 알고 차에 대해서 이야기하겠습니다."

그러다가 우연히 나와 마주친 것이다. 형제가 말했다.

"실은 저희에게 차 살 돈도 마땅치 않고 어떻게 해야 하는지 전혀 모르겠어요."

하지만 나는 마음 편하게 대답했다.

"형제님이 제게 그 이야기를 해주시고 또 하나님께서 주시는 마음의 부담 가운데 순종한 것을 귀하게 생각합니다. 그리고 저는 형제님이 하나님과 인격적으로 교제하는 과정 가운데서 신실하게 그런 반응을 했다고 생각합니다. 그렇지만 현재 저는 형제님에게 차를 넘겨야겠다는 부담이 없습니다."

나는 그렇게 말할 수 있었다. 왜냐하면 그 차는 하나님께서 먼저 내게 허락하신 차이기 때문이다. 그렇기 때문에 하나님께서 그 차를 넘기도록 하시려면 순서상 내게 먼저 말씀하실 것이다. 한 예로 베드로가 로마 백부장의 집으로 청함을 받게 되는 상황에서 하나님은 로마 백부장과 베드로에게 각각 말씀해주셨다.

그날이라도 하나님께서 내게 구체적으로 말씀하시면, 설령 차 값을 거의 받지 못한다고 하더라도 차를 넘길 용의가 있지만, 하나님이 직접 말씀하지 않으시는 상황에서 그 형제가 개인적으로 받은 말씀에 내가 순종해야 하는 것은 아니기 때문이다. 그날의 차 문제는 내 순종의 문제가 아니라 그 형제의 순종 훈련이라고 생각되었다.

때로는 하나님께서 주시는 말씀대로 순종했는데도 결과가 좋지 않을 수가 있다. 그런 과정들을 허락하시는 이유가 있다고 생각한다. 그 과정에서 하나님이 원하시는 것은 낙담하는 것이 아니다. 더 깊은 단계로 하나님의 뜻을 구하고 그분과의 교제로 들어가는 것이다.

우리가 하나님의 말씀을 듣고 순종하는 훈련을 하다보면 걸려 넘어지기도 한다. 그때 우리는 자칫 자신에게 무언가 문제가 있어서 그런 것이라는 정죄감이 생길 수 있다. 어린아이가 걷는 것을 배우려면 반드시 넘어지는 시간이 필요하다. 많이 넘어질수록 다시 일어서는 법을 잘 배운다. 그런데 넘어질 것이 두려워 일어서려고 하지 않는다면 그만큼 성장이 늦어진다.

둘째 서연이는 미국에서 태어났지만 생후 6개월 때 몽골로 가서 영어에 노출된 적이 거의 없었다. 미국에서 안식년을 보내는 동안 오빠 동연이와는 달리 자신이 영어를 모른다는 것에 마음이 쓰였는지, 사람들이 듣는 앞에서는 영어 쓰는 것을 싫어했다. 하루는 아내가 딸아이가 심부름해준 것이 고마워서 "땡큐"라고 말했다. 그랬더니 서연이는 "유 아 웰컴"이라고 답을 했다. 아내가 물었다.

"어머… 서연이가 그 말을 아는구나. 영어 참 잘하네. '유 아 웰컴'이 무슨 뜻이지?"

아이는 당당하게 말했다.

"응, 그건 '나도 사랑해'라는 뜻이야."

아이가 그렇게 알고 있는 이유는 엄마 아빠가 늘 '땡큐'와 '유 아 웰컴'을 반복하니까 '아, 둘이 서로 사랑한다는 말을 하고 있구나'라고 생각한 것이다. 처음 말을 배울 때는 실수하는 것이 오히려 자연스럽다. 실수를 두려워하는 완벽주의는 성장에 방해가 된다.

어느 목사님의 경우, 하나님의 은사와 말씀이 부어지던 특정 시기 동안에 하나님께서 자기 생각에는 엉뚱해 보이는 일을 지속적으로 시키신 적이 있었다고 한다. 한번은 한강 고수부지로 가라는 마음을 주셨다. 그렇지만 아무 일도 일어나지 않았다. 하나님의 말씀을 잘못 들은 것이 아닌가 하여 당황하고 걱정도 되었다.

계속해서 같은 말씀을 주셨고, 여러 차례 그곳에 가서 허탕을 치는 일이 반복되었다. 그런데 마지막으로 그곳에 갔을 때 거기서 자살하려던 한 자매를 만났고 그를 위해 기도하는 가운데 그 자매를 살릴 수 있었다고 한다. 하나님께서는 하나님의 음성을 잘못 들은 것 같은 상황 가운데서도 끝까지 순종하는 훈련을 하기 원하셨고, 또 그렇게 인도하셨다.

내게도 비슷한 경험이 있다. 캐나다의 에드먼턴으로 사역하러 갈 때 아내와 기도하면서 "같이 가라"라는 말씀을 받았다. 캐나다에 가족과 함께 가는 것이 맞는지 다시 한 번 하나님께 여쭈었다. 일정이 빡빡해서 단출하게 혼자 다녀오는 것이 비행기 값도 적게 들고 이동하기에 용이하다는 생각이 들었기 때문이다. 적어도 아낀 비용으로 여러 사역을 지원할 수 있을 것이라는 생각도 들었다.

그렇지만 하나님 말씀에 순종해서 온 가족의 비행기 표를 끊었다. 먼저 한국으로 가서 다음 날 아침 일찍 비행기를 타려고 인천공항 카운터에 갔다. 거기서 아이들의 미국 비자가 없어서 미국 경유가 안 된다는 사실을 알았다. 실은 밴쿠버를 경유하는 일정을 예상했기 때문에 아이들의 미국 여권을 모두 몽골에 두고 왔는데, 갑작스레 미국 경유로 바뀌었기 때문에 별도로 미국 비자가 필요하게 된 것이다.

결국 가족과 함께 가는 것을 포기할 수밖에 없었다. 그러면서도 왜 아내 역시 "너도 같이 가라"는 말씀을 받았는지 의구심이 들었다.

문제의 발단은 "같이 가라"라는 말씀 자체에 '어디까지, 어떻게'라는 부분이 빠져 있는 것이었다. 이런 경우 해석에 있어서 우리 생각이 개입되어 우리 방식대로 결론을 내리는 경우가 많다. 이때 우리는 더 자세히 방식과 타이밍에 대해서도 물을 필요가 있다. 아내나 나는 캐나다까지 같이 가는 것이라 믿고 그렇게 반응했다. 하지만 결과적으로는 한국까지만 같이 가는 것이었다.

　설령 우리가 '같이 가라'는 말씀을 잘못 해석했더라도 하나님은 우리의 실수를 통해서 캐나다 행을 막으셨다. 비행기 표 값도 돌려받고 나머지 가족들 모두 한국에서 좋은 시간을 가졌다. 결과적으로 가족과 다 함께 캐나다에 가지 않은 것이 오히려 내 사역에도 편리함을 가져다주었다.

　우리가 어떻게 들었든 하나님께서는 상황이라는 수단을 사용하셔서 우리가 기대했던 것과는 다른 하나님의 방식을 보여주심으로써 가장 선한 길로 우리를 인도해주셨다. 적어도 우리가 그 당시에는 하나님의 큰 그림이 뭔지 잘 모를지라도 그 뜻 가운데 거하고자 하는 소망과 열심이 있으면 주님의 인도하심 가운데 거하게 된다. 단, 주님의 뜻 가운데 거한다는 것은 당혹감과 경외감을 동반하는 경우가 많다는 사실을 인정한다면 말이다.

chapter 06

사랑이 깊으면
대화도 깊어진다

하나님이 말씀하시는 방법은 다양하다

어떤 사람은 내게 하나님의 말씀이 정말 물리적으로 귀를 통해 들리는 것인지 묻는다. 어떤 분들의 간증을 들어보면 정말 귀로 듣듯이 말씀하시는 경우도 있다고 한다. 하나님은 실제로 그렇게 하실 수 있는 분이다. 하지만 나의 경우는 주로 하나님께서 내 마음 가운데 어떤 인상이나 감동을 주셔서 자신의 뜻을 드러내주셨다.

성경에 보면 하나님께서 "말씀하셨다"라고만 되어 있다. 구체적으로 귀에 들리게 말씀이 전해졌는지 아니면 마음밭에 새겨진 것인지는 설명되지 않은 경우가 대부분이다. 실제로 귀를 통해서 주님의 말씀이 임하시는 것처럼 느껴질 때도 있다.

이것은 마치 우리가 환상을 볼 때 눈으로 감각이 들어오는 듯한 느낌을 갖는 것과 마찬가지이다. 환상은 실제 시각을 넘어서서 우리에게 주어진다. 그렇기 때문에 눈을 감아도 환상이 우리 가운데 선명하게 다가오지만, 우리는 우리의 감각 기관 중 눈이 반응해서 정보를 받는 것처럼 느끼는 것이다. 성경에서 주로 하나님의 말씀을 "들으라"라고 표현하는 이유도 여기에 있지 않을까 생각된다.

한편 하나님은 영(靈)이시기 때문에 많은 경우 우리의 마음에, 그리고 우리의 영에 말씀을 새겨주신다. 하나님께서 우리에게 말씀하시는 방법은 다양하다. 기적적인 방법으로 말씀하시기도 하지만 일반적으로는 성령께서 우리 마음에 감동과 평안으로 임하시며 말씀하신다.

한국 기독교 초기 역사에 관한 기록을 보면 한학(漢學)을 공부한 어떤 선비에게, 면벽 수련 중 한시(漢詩)로 하나님의 계시가 임했다고 한다. 하나님께서는 영어권, 중화권, 중동권 사람들에게 각기 그들의 언어와 사고방식으로 다가가시는 데 전혀 어려움이 없으시다. 하나님은 전지전능하시기에 우리를 각각의 상황과 그 수준에 맞게 인도해 가신다.

우리는 말씀이 주어지는 방식의 다양성에 대해 이해할 필요가 있다. 하나님은 매우 창의적인 분이시기 때문에 우리와 교제하는 방식에 있어서도 제한받지 않으신다. 성경에 나타난 예를 보면 하나님은 천사를 보내거나, 당나귀를 통해서, 때로는 직접 나타나시는 등 매우 다양한 방식으로 각각의 사람들에게 다가가신다. 하나님과 교제하는 사람들의 간증을 들어보면 하나님께서 응답하시는 방법은 무궁무진하다.

내가 경험한 경우만 보더라도 하나님은 특정 말씀을 기억나게 하시기도 하고, 묵상이나 예배 중에 어떤 성경 구절이나 문장이 떠오르게 하시기도 한다. 환상이나 꿈으로 말씀하시기도 한다. 마음에 울리는 감동으로 말씀하시는가 하면 방언 기도 중에 떠오르는 구체적인 생각이 내 마음을 사로잡게 하시기도 한다.

성령님은 나를 통해서도 말씀하신다

아내는 때로 나와 다른 방식으로 하나님의 인도하심을 받았다. 2007년 초 아내는 겨울 방학 기간의 내 출장에 동행해서 잠시 한국에 나와 있었다. 당시 아내는 기도 훈련을 받던 중 특별한 경험을 했다. 자신의 의지와는 무관하게 입이 움직이고 때로는 하나님의 말씀을 전하기도 하는 것이다. 비슷한 시기에 김우현 감독도 유사한 경험을 했다고 말한 적이 있다.

그렇게 한동안 입 운동을 시키시던 초기에는, 기도하다보면 입을 모을 때 나는 독특한 소리로 주님의 뜻이 전달되는 경우가 많았다. 하나님의 뜻을 구해도 제대로 분별할 지혜가 없을 때 하나님께서 그런 방법까지 택하여 자신의 뜻을 알려주신 것 같다. 나와 아내는 거룩하신 하나님께서 우리와 교제하시기 위해 그런 우스꽝스러운 방법도 마다하지 않으신다는 사실에 황송해했다.

이 과정에서 내가 배운 것이 있다. 우리의 온전한 순복이 없이는 성령께서 우리 몸의 일부를 사용하실 수 없다는 것이다. 성령님은 우리를 충분히 배려하시기 때문에 강권적으로 역사하셔야 할 예외적인 경우를 제외하고는 우리가 그것을 불편해하거나 거부하면 역사하지 않으신다. 이것은 우리의 의지와 무관하게 우리 몸을 지배하려고 하는 사탄의 집착과는 근본적으로 다른 것이다. 성령님은 오직 우리의 기꺼운 초청에 응하실 따름이다. 따라서 우리의 입을 통해서 성령님이 말씀하시는 것은 그분과의 온전한 연합으로 나아가는 과정과 맞물린다.

성령님과 연합하여 그분의 뜻이 드러나도록 돕기 위해서는 먼저 스스로 낮추고, 비우고, 죽이는 훈련이 필요하다. 입이 자신의 의지와 무관하게 우스꽝스러운 방식으로 움직이는 현상도 그런 맥락에서 이해될 수 있었다. 이러한 방식은 때로는 우리를 미친하게 보이게 한다. 성령님의 갑작스러운 임재 가운데 우리를 당혹스럽게 하는 현상이 수반되는 것도 이 때문이리라. 자기 자아가 죽고 자만심이 꺾일수록 우리는 하나님의 도구가 되기 쉬워진다. 하나님의 말씀이 드러나는 일은 자신의 고집과 통제 의지를 죽이는 과정을 수반하기도 한다.

응답법을 제한하지 말라

아내가 기도의 은사를 받고부터는 아내와 내가 한자리에서 묵상하고 기도한 내용을 통해 하나님의 뜻을 확증해주시기도 했다. 또는 다른 사람에게 주신 은사를 통해서 하나님이 내게 주신 말씀을 재확인시켜주시기도 했고, 때로는 다른 길은 막으시고 한 방향으로 상황을 여시며 자신의 뜻을 보이시기도 했다. 또는 침묵하시는 기간을 통해서 우리에게 정리되어야 할 영역들을 볼 수 있는 기회를 주시기도 했다. 따라서 우리가 주님이 응답하시는 방법을 제한하지 않고 주님과 그분의 방식을 신뢰한다면 주님이 예비하신 가장 좋은 방식으로 우리를 만나주실 것이다.

따라서 큐티나 묵상 기도 등 다른 사람들이 선호하는 방식을 따라가는 것도 좋은 방법이기는 하지만 꼭 그 방식만 고집할 필요는 없다. "꼭 이 방법으로 말씀해주세요"라고 하나님께서 우리에게 응답하시는 방법을 제한하는 것은 절박하고 급박한 상황에서가 아니라면 그다지 좋은 방법이 아니다.

실제로 내게 문의한 사람들 중에는 '이것이 하나님의 뜻이면 오늘 비가 멈추게 해주세요' 등의 조건을 달아 기도했다는 경우가 있었다. 물론 기드온이 양털을 가지고 하나님의 뜻을 구했을 때 하나님께서는 기드온의 기도를 들어주셨다. 그 이유는 기드온의 당시 신앙 수준이 초보적이었고 그런데도 하나님께서 그를 쓰시고자 했기 때문이다. 하지만 하나님께서 들어주신 방법이라고 해서 그것이 좋은 기도의 모범이라고 착각해서는 곤란하다.

우리는 종종 하나님께 A인지 B인지를 묻고 답을 빨리 얻고 끝내기를 바라는 경우가 많다. 우리가 하나님께 물을 때 단답형이나 두 개 중 하나를 선택해달라는 식의 기도 방식이 늘 좋은 것만은 아니다. 우리는 우리의 질문 자체를 하나님이 원하시는 것으로 바꾸는 지혜가 필요하다. 그리고 하나님께서 우리에게 하시기 원하는 말씀을 모두 받으려는 자세로 하나님과 더 깊은 단계의 교제로 나아가야 한다.

예수님은 성령의 인도하심을 받는 것에 대해서 임의로 부는 바람을 따라 움직이는 것으로 비유하신 적이 있다. 바람이 어디서 불어오는지 어디로 가는지 우리는 모른다. 우리 눈에 보이는 어떤 원칙에 따라 움직이는 것이 아니다. 하지만 나뭇잎은 그 바람에 저항하지 않고 자연스럽게 그 움직임에 자신을 맡긴다. 성령에 취한 사람도 이와 마찬가지이다.

하나님의 말씀보다 우위에 두어서는 안 되는 것!

우리가 하나님의 인도하심이라고 생각하지만, 사실은 다른 것들을 의지하는 경우가 종종 있다. 즉, 하나님이 나를 인도하시고 하나님의 일일 것이라고 착각하면서 하나님 외의 다른 것을 의지하는 경우가 그것이다. 하나님의 뜻이라고 오해하게 만드는 것에는 어떤 것들이 있을까? 그중 몇 가지를 살펴보면서 하나님의 뜻을 구하는 것과 내가 일을 결정하는 방식이 어떻게 다른지를 점검해보고자 한다.

상황

첫 번째로 '상황'을 하나님의 뜻이라고 착각하는 경우이다. 때때로 우리는 진행되는 상황을 하나님의 뜻이라 믿고 가는 경우가 있다. 많은 크리스천들이 "하나님이 나를 이러한 상황으로 인도하셨으니까 혹은 내가 이렇게 가도록 내버려두셨으니까 나는 지금 하나님의 뜻 가운데 가고 있는 거야"라고 착각하곤 한다.

"내가 어떻게 하다보니까 이 대학교에 2지망으로 들어오게 됐어. 그러니 이것이 하나님의 뜻일 거야."

"내가 오늘 이 장소에서 이 자매를 만난 것은 운명이야."

하지만 우리는 상황이 우리에게 말하는 것에 대해 조금 더 신중하게 반응해야 할 필요가 있다.

이스라엘의 구약시대 후반기에 요나라고 하는 인물이 있었다. 하나님께서 요나에게 니느웨로 가서 그들의 악독이 하나님 앞에 상달되었음을 선포하라고 명령하셨을 때, 그는 순종하기 싫어서 다시스로 가기로 결심했다. 그가 하나님의 명령과는 반대로 다시스로 가려고 항구로 나가 보니 마침 다시스로 가는 배가 있었고 뱃삯으로 낼 돈도 수중에 있었다.

현재 허락된 상황을 통해 하나님의 뜻을 해석하고, 요나처럼 다시스로 가는 배를 타게 될 경우 "아, 하나님의 인도하심이 여기에 있구나"라고 착각하게 된다. 게다가 배도 순풍(順風)을 타고 잘 나간다면 "아, 하나님은 니느웨로 가라고 말씀하셨지만 그래도 내가 다시스로 가는 것을 허락하신 것 같아"라고 자신을 위안할 것이다. 그러나 계속해서 그렇게 간다면 결국은 풍랑을 만나서 물고기 배 속으로 들어갈 뿐이다.

하나님은 여러 각도에서, 다양한 방식으로, 여러 번에 걸쳐서라도 말씀해주신다. 따라서 상황을 보고 성급하게 결정하기보다는 하나님께 지속적으로 묻고 확실하게 가르쳐달라고 여러 번 구할 필요가 있다. 다만 내 안의 잘못된 동기나 불순종, 하나님의 뜻을 구하는 데 걸림이 될 수 있는 문제들이 있지는 않은지 끊임없이 살펴보아야 한다. 그러면 여러 가지 방법을 통해서 내 마음 가운데 확신과 평강을 부어주시면서 길을 열어 가실 것이다.

문화나 유행

두 번째로 우리가 하나님의 뜻을 오해하기 쉬운 경우는 '문화'나 '유행'을 하나님의 뜻보다 중요시하는 경우이다.

"우리에게 주어진 것은 다 선한 것이다"라고 생각하면서 살아가는 사람들이 있다. 모든 유행하는 것은 좋은 것이고 거기에 뒤처지지 않도록 자신을 개발해야 한다고 생각하며 그것을 무분별하게 우리 삶에 받아들이는 경우가 있다. 크리스천 가운데도 성경 말씀보다 TV나 대중매체에서 나오는 소리에 더 귀를 기울이며 사는 사람들이 많다. 우리는 과연 누구의 말을 듣고 따라가야 하는가?

우리가 지속적으로 하나님의 음성에 귀 기울이다보면 하나님의 뜻과 세상의 지혜 사이에 큰 차이가 있음을 깨닫게 된다. 한국 사회는 날씬해야 하고 배가 나오지 말아야 하며 젊어 보여야 하고 얼굴은 작아야 한다는 생각에 지배당하고 있다. 한국의 젊은이들은 자신의 헤어스타일이나 입고 있는 옷이 지금의 유행과 너무 차이가 나지 않도록 일종의 긴장관계 속에서 살아간다. 남들이 나를 어떻게 보느냐가 중요한 관심사이다. 교회 안의 구성원 역시 이런 생각에 지배받고 있다. 좋은 신체적 조건을 가지고 있는지 여부가 우리를 행복하게 하기도 하고 불행하게 하기도 한다. 그래서 사회가 원하는 일원의 모습이 되는 것이 자신의 가장 큰 기도 제목이 되곤 한다.

우리가 추구하는 것, 우리의 결정에 영향을 미치는 요소들을 잘 살펴보면 사회의 문화나 유행 또는 인지도가 하나님 말씀보다 우선일 때가 많다. 이런 것에 지나친 관심을 보인다면 우리는 그만큼 하나님의 뜻에 관심을 덜 기울이는 것이다. 세상 유행에 대한 관심의 밑바탕에는 내가 인정받고자 하는 자기 사랑이 그 중심에 있다. 그런데 유행은 늘 덧없이 변한다. 유행이나 시대 조류나 문화가 설령 나쁘지 않더라도 그것이 하나님의 자리를 대신하게 된다면 문제가 된다.

하나님을 더 사랑하게 되면 우리는 사람들이 우리를 어떻게 보느냐 하는 것보다 하나님께서 우리를 어떻게 보시느냐에 더 관심을 갖게 된다. 하나님의 사랑을 체험하면 할수록 우리의 내적인 욕구가 채워지고 다른 사람의 인정에서 안정감을 찾지 않게 된다. 우리가 이미 사랑받고 있는 존재라는 것을 경험하면 더 이상 다른 것들을 통해서 사랑받으려는 노력을 포기하게 되는 것이다.

다른 사람의 조언이나 정보

세 번째로 다른 사람의 '조언'이나 '정보', '경험'을 하나님이 내게 주시는 말씀보다 더 선호하는 경우이다. 어떤 사람들은 문제가 생기면 먼저 조언을 구하러 사람들을 찾아다닌다. 신문에 나오는 상담 코너의 글을 보거나 인터넷 사이트의 지식 검색란을 뒤진다. 뭔가 자신에게 도움이 될 만한 조언을 찾아 헤매는 것이다. 때로는 목사님을 찾아가서 상담을 한다. 청소년들은 부모님보다는 주로 친구와 이야기를 나눈다. 다른 사람으로부터 해결책과 마음의 안정을 찾으려고 하는 것이다. 이렇게 사람만 찾아다녀서는 하나님의 길과 방식에 대해서 배울 수 없다.

하나님의 음성을 빙자한 모조품들

네 번째로 하나님의 방법이 아닌 방법들을 통해 하나님의 음성을 구하는 경우이다. 결혼을 앞두고 점이나 사주팔자 또는 띠나 혈액형 등을 중요하게 여기는 것이 그 한 예이다. 개띠는 무슨 띠와 결혼하면 안 된다는 식이다. 혈액형을 따지는 사람도 많다.

"그 타입의 성격은 나랑 안 맞는다고 했어. 무조건 무시해야 돼."

그러나 이런 것은 다 모조품들이다. 하나님의 음성을 직접 들을 수 없으니까, 불안해진 사람들이 좀 더 쉬워 보이는 길을 찾으려는 것이다. 미래를 알고 싶은데 미래가 보이지 않으니까, 경험을 통해서 어떤 장치를 만들어놓고 그 속에서 안정감을 누리고 싶은 것이다.

몽골에서도 어떤 동물의 띠 사이의 결혼은 피하는 경향이 있다. 한번은 내가 수업 시간에 몽골 무속 문화에 대해 설명하면서 나와 내 아내가 바로 좋지 않다는 양 띠 남자와 개 띠 여자의 예지만, 지금 같이 잘 살고 있다고 말해 학생들과 함께 웃은 적이 있다.

교인들 중에도 점을 치러 다니는 사람이 있다. 손금을 보고 사주팔자를 따지기도 한다. 전문가의 진단이나 통계 자료를 나를 향한 하나님의 계획보다 더 크게 여기기도 한다.

우리에게 하나님의 응답이 쉽게 느껴지지 않는 이유는 좋은 점괘를 기대하듯 하나님의 뜻을 구하기 때문이기도 하다. 신앙생활 초기라면 하나님께서 어린아이와 같은 우리의 요구에도 응답하시는 경우가 있다. 그러나 이것이 반복된다면 우리의 영적 성장은 그 수준에서 멈추게 될 것이다.

방법이나 비결을 안다고 곧바로 음성이 들리는 것은 아니다

안식년 기간 중에 한 신학교의 석박사 과정에서 공부하고 있는 200여 명의 한국인 학생 목회자 모임으로부터 초청을 받은 적이 있었다. 그 신학교는 침례교단 계열이며 미국에서도 규모가 꽤 큰 신학교 중의 하나이다. 그 모임에서 말씀을 전한 뒤 약 두 시간 정도 질의응답 하는 시간을 가졌다. 그때 가장 먼저 나온 질문이 하나님의 음성을 듣는 비결에 관한 것이었다. 초신자부터 신학 과정에 있는 분들에 이르기까지 이것은 공통적인 관심사였다.

"저는 제 나름대로 하나님의 음성을 들었던 몇 가지 통로가 있었고 또 그분의 뜻을 구하는 방법이 있긴 합니다. 주로 기도와 예배를 통해서 그 일들이 이루어집니다. 하지만 구체적인 방법에 대해서는 여러분과 나눌 생각이 없습니다. 현대 교회가 미국적 신학의 논리의 틀을 수용하는 가운데 그 장점뿐 아니라 약점도 기능하고 있는 것을 보게 됩니다. 미국의 사상적 흐름에는 실용주의적인 요소가 있습니다. 그것이 강하게 사람들의 사고의 틀을 지배하다보니 심지어 교회에서 선포되는 메시지까지 그 영향을 받습니다.

교인들의 관심을 끄는 메시지는 주로 '하우 투'(how to), 즉 비결에 대한 것입니다. 그래서 '훌륭한 아내가 되는 방법 열 가지', '성공하는 사람들의 습관 일곱 가지', '성공적인 데이트 비결', '승리의 다섯 가지 열쇠' 등의 제목이 넘쳐납니다. 그런데 만약 여러분이 성공적인 신자가 되는 일곱 가지 방법에 대해서 열심히 공부했다고 생각해보세요. 그러면 여러

분이 정말 성공적인 신자가 될 수 있을까요? 머리로 아는 것과 내가 그 삶을 사는 것은 또 다른 영역의 문제입니다. 우리가 방법이나 비결을 안다고 해서 문제가 바로 해결되지는 않습니다."

그렇지만 나는 독자들로부터 하나님의 음성을 듣는 방법에 대해 계속 질문을 받고 있다. 그래서 내 경험에 비추어 몇 가지 항목을 나누어보았다. 단, 지금 내가 나누고자 하는 것은 원칙이라기보다 하나의 참고 사항이다. 하나님께서 각자에게 어떤 특별한 방식으로 다가오실 때, 그분을 느끼고 반응하는 데 조금이나마 도움이 되기 바란다.

기다려라

언제까지라도 우리는 기다려야 한다. 우리는 기다림에 약하다. 기다리는 것은 불순종하는 우리의 성정(性情)을 거스르는 일이다. 우리는 심지어 이렇게 기도하기도 한다.

"하나님, 인내를 주세요. 지금 당장요."

빠른 것을 좋아하는 현대인에게는 기다림이야말로 가장 큰 도전이다.

우리가 응답받지 못하는 이유 중 하나는 충분히 기다리지 않는다는 데 있다. 우리는 이렇게 기도하곤 한다.

"하나님, 5분밖에 시간이 없어요. 그 전에 말씀해주세요."

이런 태도는 하나님을 무시하는 것이다. 하나님을 응답을 위해 필요한 존재로만 간주하기 때문이다.

오랜 시간을 기도했는데도 응답을 받지 못한 경우, 침묵 또한 하나님의 대화 방식이라는 것을 인정해야 한다. 우리의 숨은 죄나 우리의 질문이 가지는 문제에 대해서 하나님은 침묵으로 말씀하시기도 한다. 우리가 한 문제를 가지고 오랜 시간 기도하다보면 기도의 내용이 바뀌는 경험을 하게 된다. 기도를 통해 내가 바뀌고 그것을 통해서 하나님의 응답이 새로운 방식으로 이해되거나 깨달아지기도 한다.

하나님은 인내하며 기다리시는 분이다. 인류의 오랜 역사를 통해 반복되는 불순종을 지켜보시면서도 계속해서 인내하시고, 오랜 시간에 걸쳐서 자신의 구원의 역사를 펼쳐 가신다.

하나님께서는 아브라함에게 몇 번에 걸쳐서 상속자를 주리라 약속하셨다. 아브라함이 99세가 된 어느 날 하나님께서는 아브라함에게 다시 한 번 나타나셔서 말씀하신다. 아들 이삭이 태어나기 1년 전 그러니까 사라가 임신하기 얼마 전 상황이었다.

"너는 내 앞에서 행하여 완전하라"(창 17:1).

이것이 하나님께서 그에게 하신 첫마디였다. 이제 하나님께서 약속하신 일을 이루실 시한이 다가오는데, 아브라함의 모습을 보면 아직도 완전해 보이지 않으셨던 것 같다. 어쩌면 하나님께서는 이렇게 말씀하시는 듯하다.

"나는 오래도록 기다려왔다. 이제 내가 곧 나의 약속을 이룰 텐데, 너는 아직 내가 원하는 만큼의 완전함을 이루지 못하고 있다."

아브라함 역시 그동안 이 약속이 이루어지기만을 기다려왔다. 후손에 대한 하나님의 약속을 받았지만 이제는 자신이 자식을 낳을 수 없다고 생각할 무렵이었다. 그러나 하나님의 입장에서 보자면, 지금까지 오래 기다려온 존재는 아브라함이 아니라 하나님이시다. 하나님은 주시기 원하지만 미처 받을 준비가 안 된 아브라함을 기다리셨다. 시련과 시험이 지날 때까지 기다리셨다. 이 기다림을 통해서 얻은 것은 하나님과의 관계에서 성장하고 성숙했다는 것이다.

하나님과 연합한다는 것은 하나님의 타이밍에 맞추어간다는 것이다. 따라서 기다리는 것은 하나님과 연합하며 살기로 결정하고 나서 처음으로 맞게 되는 불편함일지도 모른다. 언제 현실과 타협하게 되는가? 바로 기다려야 할 때 기다리지 못하는 경우이다. 따라서 우리가 기다릴 줄 아는지 보시는 것은 겸손과 순복을 테스트하시는 하나님의 중요한 방법이다.

하나님이 말씀하시기 전까지는 움직이지 않는 것이 좋다. 심지어 내가 정한 시한을 넘겨가면서 기다려야 할 때도 있다. 하나님의 뜻을 구하는 기도에 대한 응답이 내가 기대한 시간보다 늦어질 수도 있기 때문이다. 하나님의 응답이 우리가 원하는 시간보다 늦어진다고 해서 우리 마음대로 하는 것은 잘못된 결정으로 우리를 몰아갈 수 있다. 하나님은 시간을 창조하신 분이기 때문에 우리가 정한 시간에 맞춰서 움직이시는 분이 아니다. 사울은 사무엘을 기다리지 못하고 사무엘 없이 스스로 제사하는 죄를 범했다(삼상 13:8,9). 기다림은 그 자체가 지극히 의지적인 행위이자 순종이다.

우리는 소명을 확인하고 나서 곧장 그 현장으로 가고 싶어 한다. 조급한 것이다. 그래서 소명을 받고 나면 방법이나 타이밍에 대해서는 더 이상 물으려 하지 않는 경향이 있다. 실은 더 중요한 순종과 겸손은 방법과 타이밍에 대해서 묻는 것이다. 음성을 듣기 전에도 기다림이 필요하지만 음성을 듣고 난 이후에도 기다림이 필요하다.

주님이 말씀하시는 '곧'은 수십 년을 의미할 수도 있다. 기다린다는 것은 일의 주체가 하나님이 되시게 하는 일이다. 기다리지 못하는 이유는 내가 일을 이루어내고, 내가 주역이 되고, 내가 결정권자가 되기를 원하기 때문이다.

순종하라

"하나님, 그저 말씀하십시오. 제가 100퍼센트 순종하겠습니다."
이렇게 고백할 수 있는 전적인 순종의 마음이 있어야 한다.

하나님의 음성을 들으면서 살아가야 한다고 하면, 많은 분들이 그런 삶은 굉장히 부담스럽고 재미가 없을 거라고 오해한다. 하나님의 음성을 듣고 거기에 반응하면서 살겠다고 고백하는 순간 그동안 누리던 것을 모두 포기해야 한다는 생각에 불안해한다. 그래서 아예 하나님께 묻는 일 자체를 꺼린다.

하지만 이런 반응들은 모두 하나님에 대한 우리의 오해에서 비롯된다. 성경말씀과 삶을 통해 하나님을 알아갈수록, 하나님의 성품과 인격을 배울수록, 하나님이 얼마나 신뢰할 만한 분이고 우리의 삶을 맡길 만한 분인지 깨닫는다.

우리는 누군가를 좋아하고 신뢰하게 되면 그 사람의 말을 듣고 따른다. 하나님을 사랑하고 신뢰하면 하나님의 말을 따르고자 하는 열망이 생긴다. 하나님께 순종하기를 기뻐하지 않는다면, 그것은 그분을 신뢰하지 않기 때문이다.

하나님의 음성을 들으며 함께 걷는다는 것은 파도타기를 하는 것과 같다는 생각이 든다. 파도타기란 파도라는 특정한 지향과 성질과 힘을 가진 현상과 보드와 사람이라는 독특한 세 가지가 만나는 것이다. 이 세 가지가 조화를 이루어야만 '파도타기'의 즐거움이 생긴다.

파도를 타려면 파도를 두려워해서는 안 된다. 파도를 타려는 사람이 파도의 성질을 몸으로 체득해야 한다. 파도에 익숙해지기까지는 물에 빠지기도 하고 바닷물을 마시기도 하면서 바다에서 보내는 일정한 시간이 필요하다. 하나님을 좀 더 깊이 경험하고 누리는 사람들은 하나님께 쉽게 맡긴다는 공통점이 있다. 파도에 몸을 실어야 파도타기의 즐거움을 누리는 것처럼, 하나님께 자신을 온전히 맡길 때 하나님과 같이 걷는 삶의 기쁨을 경험한다. 나는 이것이 '순종'이라고 말하고 싶다.

시간을 구별하라

하나님의 음성을 듣기 위해서는 시간을 따로 떼어놓아야 한다. 하나님께 자주 기회를 드려야 한다. 또한 한적한 곳을 찾는 노력도 필요하다. 당신과 하나님만의 시간에 깊이 말씀을 나누며 교제하는 시간을 가져야 한다.

바쁜 현대인은 하나님과 교제하는 시간을 내기 어려워한다.

"그것은 불가능해요. 너무 바빠요. 나에게는 할 일이 너무 많아요. 휴대폰이 계속 울려대고 있거든요."

"나는 음악을 듣지 않으면 집중을 못합니다."

"나는 기숙사 생활을 하는데 내 방 친구가 시끄러워요. 조용히 홀로 있을 공간이 없습니다."

예수님은 군중 가운데 있으면서도 하나님의 뜻을 잘 분별하고 하나님을 가까이한 분이시다. 하지만 그런 예수님도 때때로 한적한 곳으로 물러가 홀로 기도하셨다. 시간과 장소를 구별하여 지속적으로 하나님을 만나려는 노력은 아무리 강조해도 지나치지 않다.

2010년 여름, 안식년을 마치면서 그동안 지낸 텍사스를 떠나 미국 서부 지역의 여러 곳에서 말씀을 전하기 위해 가족과 함께 자동차 여행을 하게 되었다. 오클라호마 주에서 콜로라도 주 콜로라도 스프링스로 향할 때였다. 차의 내비게이션은 계속해서 큰 고속도로보다 거리가 가까운 지방도로를 안내해주었고, 우리는 우리가 아는 길보다 내비게이션이 인도하는 대로 이동했다.

콜로라도 주로 접어드니 인적이 매우 드물었다. 가다가 허름한 주유소가 하나 나왔지만 주유 계기판에 가솔린이 아직 3분의 1정도 남아 있어서 무심코 지나쳤다. 그런데 그 후 가도 가도 인적이 보이지 않는 광야가 계속되는 게 아닌가. 콜로라도 지역을 여행할 때는 반드시 가솔린을 가득 채우고 가라는 글을 어디선가 읽은 기억이 나는 것 같았다. 갑자기 불안해졌다.

우리는 오늘 안에 콜로라도 스프링스에 도착하기로 약속이 잡혀 있었다. 내비게이션에서 가까운 주유소를 검색해보니 우리가 가는 방향으로는 130킬로미터 이상 떨어진 곳에 있다고 나왔다. 벌써 해가 서쪽 끝에 걸리기 시작했다. 주유 계기판의 눈금이 어느새 바닥을 향했고, 급기야 주유 램프에 불이 들어왔다. 6개월 된 신생아와 어린아이들을 데리고 허허벌판에서 차가 서는 장면을 생각하니 난감했다. 차 에어컨도 껐다. 연료 효율을 생각해서 차 창문도 닫았다.

나는 간절히 기도하면서 운전했다. 상황의 심각성을 알고 가족들도 다같이 기도하기 시작했다. 램프에 불이 들어온 뒤 20분쯤 더 달렸을 때 폐허가 된 마을이 하나 나왔다. 그곳에 혹시 주유소가 있을까 하여 찾아보았지만, 텅 빈 마을일 뿐이었다.

그때 마침 차가 한 대 지나가고 있었다. 다급한 마음에 차를 세워 물어보았더니, 전방에 약 30킬로미터쯤 떨어진 곳에 주유소가 있다고 한다. 이미 주유 램프에 불이 들어오고 2,30분 이상 달린 것 같은데 다시 20분 이상을 갈 수 있을지 의문이었다. 우리는 열심히 기도하며 차를 몰았고 마침내 주유소에 무사히 도착할 수 있었다.

정확히 시간을 잰 것은 아니었지만 주유 램프에 불이 들어온 상태에서 약 40분간 시속 90킬로미터 이상으로 달려 주유소에 당도하고 보니 마치 기적처럼 느껴졌다. 떨리는 가슴을 진정시키고 차에 기름을 채우는데 문득 이런 질문이 떠올랐다.

'나의 영적인 생활에 필요한 기름은 무엇일까?'

내게 필요한 기름은 하나님과의 구별된 시간, 친밀한 교제의 시간이었다. 하나님이 바로 내 영혼의 주유소이다. 주유소가 많은 곳을 지나갈 때, 즉 은혜를 공급받기 수월한 환경에 있을 때에는 내 영혼에 기름이 가득 차지 않아도 어려움 없이 지날 수 있다.

그러나 내 영혼이 긴 밤을 지나야 할 때가 있다. 나는 선교지에서 외부의 도움 없이 오랜 영적 전투를 치러야 했던 시기가 있었다. 그때는 쉽게 기름을 공급받을 수 없고, 그간 비축해둔 기름으로 버텨야 했다. 그렇지 않고는 기름이 고갈되어 광야 한가운데서 차가 멈춰 서버리는 어렵고 위험한 순간을 만나게 된다.

내가 지금 달리고 있다는 사실보다 더 중요한 것이 있다. 바로 연료 탱크에 기름이 충분한지의 여부이다.

나의 소원을 내려놓고 하나님의 뜻을 구하라

내가 원하는 것을 내려놓고 겸손한 마음으로 하나님의 선하심을 묵상하며 그분의 뜻을 기다리는 것이 중요하다. 응답에 집중하기보다 하나님께 집중해야 한다. 하나님께 나아가는 첫 번째 이유가 문제의 해답을 얻기 위해서가 아니라 하나님 자신을 원하는 것이어야 하기 때문이다.

물론 우리가 어린 아기일 때에는 엄마를 찾는 이유가, 엄마가 필요해서인지 아니면 먹을 것이 필요해서인지 구분이 되지 않는다. 그러나 우리가 성장하여 관계를 맺을 때에는 필요를 위한 관계와 관계 자체가 목적이 되는 경우를 구별할 수 있다. 온전한 연합은 후자의 성격이 강하다. 따라서 음성을 듣고자 할 때는 문제의 해답이 아닌 하나님의 선하심으로 관심을 전환시키는 것이 도움이 된다.

경험적으로 다른 사람에 대한 문제는 기도 가운데 답이 보이는 경우가 많다. 그런데 내 문제에 관해서는 하나님의 뜻을 이해하는 데 더 많은 어려움이 따른다. 내 안에 있는 고집을 내려놓지 않으면 하나님의 뜻이 잘 분별되지 않는다.

때로 우리의 귀에 거슬리는 말이 있을 때, 그것이 왜 거슬리는지를 파고드는 것이 우리의 영적 성장에 도움을 준다. 앞에서도 나누었듯이 아내는 안식년 기간 동안 제자훈련을 받게 되어 무척 기뻐했다. 그러나 임신 중이라서 수료하지 못하고 중간에 마무리하게 되었다. 아내는 그래서 훈련 받을 수 있는 시간 동안 더 열심을 내야겠다고 다짐했다.

훈련 첫 날, 강사가 5개월간의 제자훈련을 통해 하나님께서 무엇을 원하시는지 기도해보고 나누자고 제안했다. 한 학생이 'relax'(쉼 또는 여유)라는 말이 떠올랐다고 했는데, 아내는 그 말이 마음에 걸렸다. 속으로 '여유는 무슨 여유? 열심히 해도 부족할 상황에서…'라고 생각하며 기가 막혀 했다.

2주가 지나서야 아내는 모든 훈련 과정을 다 따라가는 것이 자신의 상황에서 무리라는 것을 시인하게 되었다. 아내는 그 학생을 통한 메시지가 자신을 향한 하나님의 말씀일지도 모른다는 생각을 하게 됐다. 자신에게 불편하게 들리는 말, 그 말이 주어진 이유가 있다고 생각해보자.

그 말을 불편해하는 이유를 생각해보면 자신이 하나님의 말씀을 제대로 듣기에 어떤 장애를 가졌는지, 그 문제에 대한 힌트를 얻을 수 있다.

결혼생활을 하면서 배운 것이 하나 있다. 아내의 말이 나를 유난히 찌르는 경우, 실은 그것이 아내의 문제가 아니라 내게 있는 문제를 하나님께서 다루기 위해 아내를 사용하신다는 사실이다. 하나님께서는 나를 다루실 때 아내라는 도구를 사용하신다. 아내가 나를 힘들게 한다면 그것은 하나님께서 나를 만나기 원하신다는 사인으로 받으면 대부분 맞는 것 같다.

때로는 하나님께서 자녀라는 도구를 사용하시기도 한다. 우리가 원망을 자녀에게 돌리지 않고 하나님께 나아가서 내 안에 해결하기 원하시는 문제에 대해 조명을 받으면 자녀가 가진 문제의 본질이 무엇인지 보는 눈을 얻게 된다. 이러한 과정에서 생기는 영적 민감함이 우리의 영적 청각을 더 예민하게 해준다.

경배와 기도를 통해 하나님께 나아가라

경배와 기도는 말씀이 임하는 두 가지 중요한 통로이다. 나는 주로 깊은 예배와 기도 가운데 말씀을 받는 경우가 많다.

물론 하나님은 시공의 제약을 받지 않으시고 우리의 일상생활 가운데서도 말씀하신다. 따라서 우리가 우리의 일상생활 가운데 하나님을 초청하고 늘 그분의 생각으로 우리를 채우려는 노력이 중요하다. 그러나 하나님께 응답을 받고자 하는 필요를 느낄 때면 나는 먼저 예배를 드리며 찬양 가운데 그분을 깊이 묵상하는 시간을 갖는다.

보통 찬양이나 기도 가운데 내 생각이 죽고 주님의 생각이 나를 압도할 때 하나님의 말씀이 임하는 경우가 많다. 또는 오랜 시간 깊이 기도하는 가운데 특별한 생각들이 나를 사로잡곤 한다. 특히 방언으로 기도할 때 받는 유익이 크다. 은사는 하나님과의 교제를 위해 그리고 그리스도의 공동체 내의 교제를 위해 주어진다. 그리고 그 은사를 활용할수록 더 많이 부어진다.

양은 목자의 음성을 안다

그렇다면 우리는 어떻게 하나님이 주시는 음성을 구별할 수 있을까? 기도하면서 어떤 생각이 드는데, 그것이 하나님의 소리가 아니라 사탄이 와서 속이는 속삭임이라면 어떻게 할까? 그리고 때로 나의 생각인지 하나님의 음성인지 구별이 안 될 때는 어떻게 할까?

하나님의 음성 듣기를 사모하는 많은 사람들이 이런 고민을 가지고 있을 것이다. 이에 대해 하나님의 음성을 구별하는 몇 가지 가이드라인이 있다. 어떤 경우에 하나님의 음성과 다른 소리를 혼동하는지, 또 어떻게 하나님의 음성을 구별할 수 있는지 살펴보자.

우리가 하나님의 음성과 뜻을 지속적으로 접하고 또 그분의 성품에 대해 배워갈수록 우리는 하나님의 음성을 구별하는 일에 어려움이 적어진다. 마치 신생아가 처음에는 미처 엄마와의 관계 형성이 되어 있지 않았고 엄마를 경험적으로 알지 못하기 때문에 엄마가 자신을 부르는 소리와 다른 사람이 부르는 소리를 구별하지 못하는 것과 마찬가지이다. 하지만 시간이 지나면서 엄마와 친밀한 관계가 형성되면 멀리서 들리는 엄마의 작은 소리에도 반응하며 직감적으로 구별할 수 있게 된다.

따라서 우리가 평소 하나님을 사랑하고 하나님의 말씀을 의지하면 그분의 음성을 분별하기가 쉽다.

성경말씀과도 동일하며 내 안에서 말씀하시는 내용이라고 생각될 때에는 하나님께서 인도하시는 것이라고 할 수 있다. 따라서 평소 말씀을 많이 읽고 은혜를 받은 말씀이나 중요한 말씀을 암송해두는 것이 중요하다. 하나님께서 주시는 말씀은 자신이 평소에 읽고 아는 성경말씀을 확인시켜주시는 것이다.

반면에 사탄이 주는 소리에는 특징이 있는데, 그것은 굉장히 급박하다는 것이다.

"너, 빨리 해야 돼. 지금 안 하면 안 돼. 당장! 당장! 당장!"

사탄은 이렇게 당장 하라고 윽박지르고 서두른다. 심지어 사탄은 우리가 기도하는 중에도 조급증에 빠지도록 몰아간다. 당장 하지 않으면 안 될 정도로 쿡쿡 찌르는 소리가 있다면, 그런 소리에는 가급적 반응하지 말아야 한다. 그리고 충분히 기다려야 한다. 내 속에서 흙탕물이 가라앉고 내 마음의 물이 맑아지면 주님의 그림자가 더 선명히 비치게 된다.

하나님의 음성은 평안과 함께 임한다. 그것이 비록 찌르는 말씀일지라도 그 찌름에 온전히 반응할 때 우리에게 임하는 영혼의 자유와 위로가 있다. 하나님의 음성이 우리에게 임하면 때로는 우리가 예상치 못하여 감당하기 어렵게 느껴지는 것일지라도 그 음성 자체가 주는 기쁨과 평안이 있다. 그것은 내 욕구가 채워질 때의 기쁨과는 다르다. 그 평안과 기쁨과 확신이 내 마음에 넘치지 않는다면 다시 묻고 기도할 필요가 있다.

또 내 안의 욕구가 하나님의 음성으로 위장되어 들리는 경우도 있다. 가령 내게 어떤 욕구가 있는데, 그것들이 하나님의 음성인 것처럼 표현되는 것이다. 이럴 때는 내 안에 숨은 동기가 무엇인지 분별하는 훈련 가운데 내가 원하는 것이 무엇인지, 그것을 원하는 진짜 동기가 무엇인지 물을 필요가 있다. 그리고 그것이 없어도 되는 것인지 물어야 한다. 혹시 내 안에 그 일에 대한 두려움이 있는지 그것이 누구와 무엇을 향한 두려움인지도 물어야 한다.

주님의 말씀의 거울 앞에 내 안의 복잡하고 위장된 동기들이 드러나면 우리는 훨씬 더 쉽게 주님의 뜻을 분별하게 된다. 내가 원하는 것이나 내가 가진 질문에 대한 응답 이전에, 하나님께서 그 자체를 어떻게 보시는지 묻고 확인하며 순종하기를 원하면서 기다리다보면 주님의 뜻이 우리 가운데 기쁨으로 주어질 것이다.

우리가 하나님의 음성을 듣기 원한다면 우리에게 침투하려는 사탄을 꾸짖고 내 안의 소리를 잠잠케 하고 침묵하면서 충분한 시간을 가지고 하나님과의 교제 가운데로 들어가야 한다. 그러면 하나님께서 우리에게 비록 세미하지만 말씀 가운데 응답하실 것이다.

친밀한 기도

한번은 어느 목사님께서 기도 가운데 하나님의 응답을 받은 이야기를 들려주셨다.

　개척 교회를 맡고 있던 목사님이 어느 날 도시의 큰 교회로부터 청빙 요청을 받게 되었다. 교회를 떠날 생각을 하니까 마음이 놓이지 않았고, 또 청빙을 거절하자니 혹 하나님이 주시는 기회라면 놓쳐서는 안 된다는 생각이 들었다. 이 문제를 놓고 고민하다가 40일 작정 금식기도를 시작했다. 40일이 거의 다 되어서 숨이 넘어가기 직전에, 하나님께서 "그래, 가라"라고 한 말씀을 주셨다고 한다.

　그런데 하나님은 원래 이렇게 말씀이 적으신 분일까? 하나님의 한 말씀을 받으려고 할 때마다 이렇게 어려운 산고(産苦)를 치러야 할까? 하지만 내가 아는 한, 이것은 하나님과의 일반적인 교제 방식과 차이가 있다. 때로는 하나님께서 우리에게 진작 말씀하셨지만 우리의 영적 청각장애로 잘 듣지 못하는 경우가 더 많다.

　보통 자기 자신의 문제에 대해서는 우리가 더 잘 듣지 못한다. 우리의 갈망과 방어기제들이 하나님의 세미한 음성을 가로막곤 하기 때문이다. 목사님의 경우 아마 금식하는 과정에서 그것들이 죽었을 때 하나님의 말씀을 더 잘 듣게 되었을 것이다.

　또 자신에게 중요한 문제를 놓고 기도하다보면 보통 문제에 너무 집중한 나머지, 기도하면서 문제를 묵상하는 경우가 많다. 나를 향한 하나님의 계획과 그분의 선하심과 신뢰할 만한 하나님의 성품을 묵상하기보다는 문제에 빠져서 문제를 묵상하는 것이다.

　평소에 우리가 하나님의 구체적인 인도하심을 받지 못하는 이유 중 하나가 하나님을 문제 해결사로 이해하고 문제가 생겨야 하나님을 찾아가기 때문이다. 하나님을 더 깊이 만나고 그분을 더 많이 이해하기 위해서 하나님의 음성을 듣기 원하는 것이 아니라, 그저 우리 문제에 대한 바른 해답을 얻고자 하는 목적으로 하나님의 음성을 구하는 경우가 많다.

그렇다면 우리는 본질을 놓치고 있는 것이다. 하나님을 사랑하고 그분과 깊이 교제한다면, 그분과 동행하기 위하여 그분의 음성에 귀를 기울이기 원한다면, 하나님은 우리가 문제에 빠지기 전에 우리에게 여러 방법으로 미리 말씀해주신다.

내 경우 하나님께서는 내가 구체적인 하나님의 인도와 말씀을 원하 기도 전에 먼저 주시는 경우가 많았다. 하나님은 자녀들이 원하기도 전에 먼저 찾아와서 말을 건네시는 아버지와 같다. 하나님께서 나의 벗이라 칭하신 아브라함에게 자신의 계획을 숨기려 하지 않으신 것과 마찬가지이다. 하나님은 그분 자신이 원하시는 때에 우리를 찾아오셔서 우리가 묻지 않은 것에 대해서 자세히 말씀하시기도 한다. 때로 우리가 죄 가운데 있거나 하나님께 귀를 막고 있을지라도 하나님이 우리 가운데 말씀을 넣어주실 수 있다.

들으려는 동기를 살펴라

우리는 1960년대부터 1980년대까지 기도를 많이 하는 민족이었다. 그러나 대부분 그 기도는 부르짖는 기도에 한정되는 경우가 많았다. 물론 부르짖는 기도는 필요하다. 《내려놓음》을 읽고 오해하는 분들 중에는 자신이 원하는 것을 내려놓고 더 이상 하나님께 구하기를 포기해버리는 경우가 있다. 하지만 사실 우리는 지금보다 더 많이 구해야 한다. 때로는 우리에게 믿음이 없어서 구하지 않는 경우도 있기 때문이다.

다만 한국 교회가 그동안 불균형을 초래할 정도로, '간구하고 부르짖는 기도'에 집중했다는 것이 문제였다. 경제가 성장하고 사회가 점점 세속화되어가는 가운데서 교회의 영적 성장이 일어나기 어려웠고, 그 돌파구를 찾는 가운데 1990년대 들어서면서부터 '듣는 기도'가 필요하다는 인식이 교회 일각에서 형성되었다. 그리고 많은 분들이 하나님으로부터 듣는 기도에 대해서 관심을 가지게 되었다.

그런데 듣는 기도를 하는 사람들이 봉착하는 한계가 있었다. 들으려 하는 동기와 목적 때문에 빚어지는 문제였다. 들으려고 노력하기는 하는데, 그 목적이 어느 길을 가는 것이 자신에게 더 유익할까에 초점이 맞춰진 경우가 있기 때문이다. 기도의 방식만 바뀌었을 뿐 기도의 목적은 여전히 자신의 원하는 것을 위해 간구하는 기도와 별반 다를 바가 없다.

듣는 기도의 목적은 하나님으로부터 자신에게 가장 좋은 길을 택정받기 위함이 아니다. 듣는 기도의 목적은 하나님과 더욱 친밀해지는 것이다. 하나님과의 관계나 교제에 풍성함이 더해지기를 원하는 마음에서 하나님 앞에 듣기를 구해야 한다.

해답을 위해서 기도 가운데 듣기를 원한다면 우리는 자신도 모르는 사이에 다급해진다.

'하나님이 이 날까지는 반드시 말씀해주셔야 하는데….'

이런 마음을 가질수록 하나님의 음성은 들리지 않는다. 그럴수록 의심스럽고 실망이 찾아온다. 자신의 판단을 믿는 쪽으로 결정하게 된다. 이것은 결국 듣고자 하는 동기가 나 자신에게 맞추어져 있는 것이다.

하나님은 자판기가 아니다. 우리는 음성 듣기를 위한 공식을 배워서 그것에 자신을 대입해서 자판기에 동전을 집어넣듯이 기도하려는 오류를 범하곤 한다. 기도라는 동전을 집어넣었지만 바로 결과가 나오지 않으면 우리는 자판기에 문제가 있다고 생각한다. 하나님은 자판기가 아니라 살아 계신 인격이시다. 하나님은 필요하다면 무응답으로 응답하시는 경우도 있다.

우리가 누군가와 관계를 맺고 친구가 되려 할 때, 그가 나에게 해주는 것에만 관심이 있고 그가 내게 유익한 존재인지에만 관심이 있다면 오래도록 친구 관계를 이어갈 수는 없다. 서로 더 이상 필요 없다고 생각할 때 관계가 흔들리게 된다. 오랜 친구 관계를 위해서는 그저 그 사람 자체를 좋아하고 기뻐해야 한다.

다시 말하지만 우리가 주님의 음성을 듣는 목적이 단지 해답 자체가 되어서는 안 된다. 진정한 목적은 하나님 자신이 되어야 한다. 듣는 기도의 핵심은 서로 친밀함을 나누고 하나님을 흠모하고 그분의 아름다움을 찬양하며 내 안에 그분을 향해 샘솟는 사랑을 고백하는 가운데 나를 향한 그분의 반응을 누리는 것이다. 더 얻기 위해서 들으려 하는 것이 아니라 더 깊은 사랑과 교제로 나아가기 위해 들어야 한다.

우리의 가장 신실한 동반자이신 하나님과 같이 걷기 위해 필요한 능력은 오직 그분을 믿는 믿음에서 나온다. 믿음은 하나님과 같이 걷기 위해 필요한 에너지원이다. 따라서 하나님과 친밀한 관계를 맺기 위해서는 우리의 믿음이 요구된다.

part 03

주님과 같이 걷는 길 위에
새겨진 발자국

chapter 07

믿음이 없으면
하나님을 경험할 수 없다

믿음이 작은 자여!

우리의 가장 신실한 동반자이신 하나님과 같이 걷기 위해 필요한 능력은 오직 그분을 믿는 믿음에서 나온다. 믿음은 하나님과 같이 걷기 위해 필요한 에너지원이다. 따라서 하나님과 친밀한 관계를 맺기 위해서는 우리의 믿음이 요구된다.

어느 날 밤, 예수님은 물 위를 걸어서 배에 타고 있던 제자들 쪽으로 다가오셨다(마 14:22-31). 베드로는 자기도 예수님처럼 물 위를 걷고 싶었다.

베드로는 예수님께 자기도 물 위로 걷도록 허락해달라고 요청했고, 예수님은 그것을 기뻐하셨다. 예수님이 이 땅에 오신 것도, 제자들을 불러 모으신 것도, 또 우리를 그분의 품으로 부르신 것도 다 제자들과 함께 또 우리와 함께 하나님나라를 향하여 같이 걷기 위함이었다.

예수님이 오라고 허락하시자 베드로는 배에서 내려 물 위로 걸어갔다. 예수님과 같이 걷기 위함이었다. 그러다 곧 바람이 불자 두려워진 베드로는 물속으로 빠져가면서 예수님께 구해달라고 소리 지르며 외쳤다. 그때 예수님은 베드로를 보고 책망하셨다.

"믿음이 작은 자여 왜 의심하였느냐?"

예수님이 책망하신 이유는 우리의 생각을 돌이켜 하늘의 관점으로 눈앞의 문제를 보게 하기 위해서다. 예수님은 베드로가 예수님처럼 물 위를 걷지 못하고 물속으로 빠져들었던 이유가 믿음이 작았기 때문이라고 말씀하신다. 그렇다. 예수님처럼 걷기 위해 필요한 것, 예수님과 같이 걷기 위해 필요한 것은 '믿음'이었다. 그리고 믿음이 부족한 것은 책망받아 마땅한 일이었다.

믿음은 위로부터 오는 것

우리 신앙의 문제는, 우리가 지은 죄를 용서받을 정도로만 회개하려 할 뿐, 우리의 믿음이 하나님나라를 실제로 경험하게 하는 데 충분하지 않다는 것을 회개하려 하지 않는다는 점이다. 회개는 방향 전환을 의미한다. 특별히 내 생각의 방식과 세상을 보는 방식에 대한 전환을 말한다. 즉, 예수님의 관점이 내 안에 들어와 작동하지 않는 것은 마땅히 회개해야 할 핵심 사안인 것이다.

하지만 여기서 우리가 생각해야 할 중요한 문제는, 베드로가 스스로 노력해서 믿음을 키울 수 있었던 것은 결코 아니라는 사실이다. 베드로의 노력만으로는 파도와 물결에 대해 그리고 죽음의 위협에 대해 그 자신의 시각을 바꿀 수 없었다. 자신의 믿음을 아무리 쥐어짜내어 믿는다고 고백하고, 자신이 물 위를 걷는 상상을 아무리 해봐도, 그것이 그가 실제로 물 위를 걷게 하는 믿음으로 작용하는 것은 아니다.

많은 경우 오늘날 크리스천들에게 믿음이란 '바라는 대상에 대한 열망'이라고 인식되어 있다. 즉, 어떤 대상에 대해 열심을 가지고 떼를 쓰며 간절히 매달리는 것이 믿음 있는 행위로 이해되어 왔다.

특별히 한국의 신(神) 개념에는 그런 요소가 많다. 예를 들어 우리는 '지성(至誠)이면 감천(感天)'이라는 표현을 사용한다. 우리가 정성을 다해 빌고 구하면 하늘이 감동하여 우리가 원하는 소원을 들어줄 것이라는 생각이다. 즉, 우리가 받고 받지 못하는 문제가 우리의 노력과 정성 여하에 달려 있다는 신념이다.

그러나 이런 개념의 믿음은 예수님이 의미하시는 믿음과는 전혀 다른 것임을 보게 된다. 상상과 생각을 전환하려는 노력, 인간적인 열심을 가지고 신념을 다지는 것과 예수님이 말씀하신 '믿음'은 전혀 다르다.

더 나아가 현대 교회는 현대 심리학의 영향 아래, 긍정적인 사고방식을 '믿음'과 대체하려는 움직임을 보인다. 그러나 긍정적인 사고방식은 믿음과는 별개이다. 긍정적인 사고가 하나님과의 만남 그리고 하나님의 개입을 반드시 전제하는 것은 아니기 때문이다.

긍정적 사고를 강조하는 주장은 개개인 안에 적극적이고 밝게 사고

하는 경향성이 있느냐를 문제의 관건으로 본다. '나 자신'이 주체가 된다. 그러나 믿음은 하나님과의 만남을 전제로 한다. '하나님'이 주체가 되신다. 믿음은 위로부터 오는 것이지, 우리가 쥐어짜고 노력해서 만들어내는 것이 아니다.

한편, 우리에게 위안이 되는 것은 베드로가 믿음이 작은데도 불구하고 물 위로 걸을 수 있었다는 사실이다. 그것은 베드로의 힘으로 된 것이 아니었다. 베드로는 믿음이 작다고 꾸중을 듣기는 했지만 아예 믿음이 없었던 것은 아니었다. 그에게는 예수님과 함께 걷고자 하는 갈망이 있었다. 그 역시 작지만 믿음에서 비롯된 행위였다.

정말 은혜 받았습니까?

믿음은 하나님의 은혜가 우리에게 흘러들어 오는 중요한 통로이다. 그런데 현대 교회 안에서 통용되는 단어 가운데 가장 오용되는 단어가 바로 이 '믿음'과 '은혜'이다. 외부에서 집회를 하다보면 새신자나 교회에 처음 나오는 분들의 인사를 받을 때가 있다. 그들은 대부분 이렇게 이야기한다.

"강연에 깊은 인상을 받았습니다."

"강의를 참 잘하시네요."

"감동이 있었습니다."

반면 기존 신자들의 인사는 대체로 한 가지 표현으로 귀결된다.

"은혜 받았습니다."

한번은 집회 중에 기도 인도를 하는데 여기저기서 통곡과 흐느낌이 터져 나왔다. 나는 속으로 그들이 은혜 받은 것이라 생각하고 기뻐했다. 그런데 내 안의 성령님은 나와 같은 생각이 아닌 것 같다는 느낌이 들어서 왠지 어색했다.

"이 사람들에게 은혜가 임한 것이 아닌가요?"

하나님께 물었을 때 내 안에 들었던 생각은, 그들 가운데 많은 수가 그저 울고 나서 마음이 시원해지는 것으로 만족하고 끝나버리며 거기서 멈추어 하나님께서 진정으로 바라시는 결과에 미치지 못한다는 것이었다. 그런데도 우리는 "은혜 받았다"고 말하고 돌아간다.

마치 은혜 받았다는 표현이 "잘 알아들었다"라는 말의 동의어로 쓰이는 것 같다. 우리는 종종 하나님 은혜의 그 깊음과 높음과 부요함을 미처 경험하지 못한 채 그 단어를 사용하는 것 같다. 물론 '은혜 받았다'는 표현을 쓰지 말자고 제안하는 것이 아니다. 다만, 그 표현에 맞는 실제를 경험하고자 하는 간절함이 필요하다는 말이다.

믿음 vs 믿음

하나님의 은혜가 우리에게 흘러들어 오는 통로가 있는데, 그것은 바로 믿음, 소망, 사랑이다. 또 다르게 표현하자면, 우리가 하나님과 관계를 맺고 그분의 은혜 속으로 들어가면 우리 속에서 커지는 세 가지 선물이 바로 믿음, 소망, 사랑이다. 은혜가 무엇인지 아는 체험적인 고백이 없다면 이 세 가지 선물에 대해서도 우리가 경험한 인지적 한계 안에서 제한적으로 이해하는 차원에 머물기 쉽다.

특히 '믿음'이라는 단어와 관련하여, 우리는 '믿는다'는 표현을 많이 쓰지만 실제로 그 온전한 뜻이 무엇인지 모르고 사용하는 경우가 많다. 설교 중에 혹은 교회 안에서 가장 많이 쓰는 표현 가운데 하나가 "믿습니까?", "아멘!"이다. 우리는 보통 이 표현을 '이해했는가? 동의하는가?' 정도의 의미로 가볍게 사용하는 경우가 많다. '믿음'이 어떤 것인지 제대로 이해하면 할수록 우리가 교회 안에서 사용하는 '믿는다'는 표현이 성경이 설명하는 믿음의 실제를 충분히 반영하지 못하는 과장된 표현으로 사용되고 있음을 깨닫게 될 것이다.

우리는 이처럼 많은 경우 믿음을 교리 체계나 신학적 가르침에 대한 이해라고 보는데, 이는 예수님이 설명하시는 믿음과 큰 차이가 있다. 신약성경 전반에 걸쳐서 증거되는 믿음은 하나님을 알고 경험할 수 있는 능력을 말한다. 국제예수전도단 베이스에서 진행한 믿음에 대한 강의에서 짐 스타이어는 "믿음은 하나님과 우리 사이의 관계적 역동성"이라고 설명했는데, 나는 그것이 믿음에 대한 적절한 설명이라고 생각한다.

보통의 경우 믿음에 대한 강의나 이야기를 할 때, 먼저 믿음이 무엇인지 정의를 내리고, 이어서 믿음의 요소가 무엇인지 설명하고, 또 믿어야 할 내용에 대해서 나열한 뒤, 마지막으로 믿음을 갖기 위해서는 어떻게 해야 하는지에 대해 그 요령을 나누는 식으로 진행한다.

그러나 나는 여기에서 조금 다른 방식으로 믿음에 대해 설명하고자 한다. 즉, 믿음이 없는 사람들의 삶의 모습과 믿음을 가지고 살아가는 사람들의 모습을 대별하면서 믿음이 무엇인지를 설명하려는 것이다. 이런 방식으로 믿음에 대해 그릴 수 있게 된 데에는 짐 스타이어의 강의에 힘입은 바가 크다. 특히 '믿음을 가진 삶'과 '믿음이 없는 삶'을 비교하여 '믿음'을 정리할 수 있었던 것은 그의 강의로 인해 가능했음을 밝힌다.

믿음을 이야기하자

성경은 믿음에 대해서 정의를 내리기보다는 믿음의 예를 들어 설명하는 방식을 택하고 있다. 물론 히브리서 11장 1절의 "믿음은 바라는 것들의 실상이요 보이지 않는 것들의 증거"라고 한 말씀은 우리에게 믿음의 한 특징에 대해서 정확하게 설명해주지만 그렇다고 정의를 내려주지는 않는다.

성경을 관통하는 사고방식은 히브리적인데 이것은 동양적인 정서와 통하는 부분이 많다. 반면에 헬라의 전통은 무엇을 설명하기 전에 정의를 내리고 분석, 분류하는 작업을 중시한다. 그리고 그 전통을 기반으로 하여 서구의 학문과 문명이 꽃을 피웠다. 교회의 전통은 유대 전통(히브리 전통)과 헬라 전통 두 개의 기둥을 토대로 이루어졌다. 신학, 교리, 교회법, 신학교 등의 전통은 헬라 전통의 연장선에서 발전되어 왔다고 볼 수 있다.

서구 학문에 길들여진 우리는 믿음의 삶에 대한 논의를 정의하고 비교 분석하고 증명하고 주석을 참조하는 등의 방식을 통해서 접근하려는 경향이 강하다. 반면 유대적인 전통 가운데 사역하셨던 예수님은 천국의 삶에 대해 정의를 내린다든지 분석해주는 방법을 택하지 않으셨다. 그저 천국의 삶을 이 땅에서 살아내시면서 그 삶의 실체를 경험적으로 접할 수 있게 하셨고, 또 천국을 표현하고 상징하는 이야기들로 천국의 모습을 그려 보이셨다.

유대적인 문화 전통은 아시아적 문화 전통과 소통될 수 있는 부분들이 많다. 예를 들어, 아시아 문화에서 자녀들이 부모에게 결혼이 무엇이냐고 물으면 부모는, 결혼은 두 남녀 간의 인격적 법적 정서적 결합이라는 식으로 정의해주지 않는다. 자녀에게 필요한 지식이 그것이 아니기 때문이다. 오히려 "내가 네 엄마와 살아보니까 이런 것이 중요하더라"라는 식으로 설명한다. 이것은 동양적인 접근이기도 하면서, 우리 생활에 필요한 좀 더 구체적인 지식을 전해준다.

한번은 미국의 큰 신학교에서 수학 중인 한국인 목회자 분들이 150여 명 모인 자리에 초청을 받아서 간 적이 있다. 말씀을 전하고 난 뒤 약 두 시간 정도 질의응답 하는 시간을 가졌는데, 그때 한 분이 이런 질문을 하셨다.

"신학교에서는 강해설교를 가장 좋은 설교의 예로 배웠습니다. 그런데 선교사님을 보니 주로 원고 없는 설교를 하는 것 같고 설교 중에도 하나님의 인도하심을 구하는 것 같네요. 선교사님의 설교관은 제가 옳다고 배운 것과는 달라 보입니다."

나는 대답했다.

"무엇이 옳고 그르냐의 문제는 아닙니다. 강해설교는 서구적인 전통 하에 있는 청중들에게는 잘 맞을 것 같습니다. 그리고 이미 기독교 전통이 확립되어 있고 청중들이 기본적으로 성경에 대한 지식이 있을 때는 좋은 접근법이 될 수 있겠지요. 그러나 다른 문화권에서도 강해설교만이 최선의 설교 방식이라고 보이지는 않습니다.

문제는 우리가 하나만 고집할 경우 하나님이 우리를 자유롭게 사용하시기 어렵다는 점입니다. 예수님께서는 강해설교를 하지 않으셨습니다. 주로 이야기를 통해 청중들과 깊이 호흡하셨습니다. 사도행전에 나오는 영향력 있는 설교들은 대부분 즉흥적인 설교입니다. 제게 중요한 것은 전통적으로 옳다고 생각되는 하나의 설교 방식을 고집하기보다 하나님께서 오늘 어떤 방식으로 내 설교 가운데 일하기를 원하시는지, 그것을 묻고 배우는 것입니다."

믿음 없는 삶의 모습

교회에 다니며 신앙생활 한다고 다 믿음을 가지고 사는 것은 아니다. 마치 《더 내려놓음》에서 다룬 누가복음 15장에 나오는 두 아들의 비유와 마찬가지이다. 두 아들은 모두 아버지의 집에 있었지만, 아버지와 진정한 관계를 맺지는 못했다. 두 아들 모두 믿음과 무관한 삶을 살고 있었다.

믿음 없는 사람의 특징은 첫째로 율법 아래 매여 살아간다는 것이다. 외적인 행위를 강조하고 원칙을 강조하며 자신뿐 아니라 다른 사람까지도 그 법 아래 옭아매려고 한다. 율법은 우리를 정죄하지만 변화시키지는 못한다. 정죄함 안에는 생명도 사랑도 머무를 수 없다.

하나님의 은혜 안에서 하나님의 너그러우심을 맛보지 못한 사람은 그 마음이 늘 비어 있다. 배고픔이 있다. 포용해주시는 하나님을 경험해보지 못했기 때문에 누군가를 포용하기 어렵다. 배고픈 사람은 모든 관계에서 끊임없이 자신의 필요가 채워지기를 바란다. 하지만 그러면 그럴수록 관계는 깨어지고 전쟁이 벌어진다. 결혼 관계도 마찬가지이다. 배고픈 마음의 사람은 자기애로 똘똘 뭉쳐 있고 방어적으로 반응하기 때문에 누군가를 넉넉하게 사랑할 수 없다.

둘째로 이런 사람들은 내적인 불안감을 가지고 있다. 내적 불안감에 사로잡혀 있으면 하나님과 다른 사람들 앞에서 자기가 괜찮은 사람이라는 것을 증명하고자 애쓰게 된다. 그래서 종교적인 행위로 자신을 포장하려고 한다. 목소리를 바꾸고 행동거지를 더 점잖게 하려고 애쓴다.

셋째로 그러면 그럴수록 과도하게 경쟁하는 모습을 보이게 된다.

넷째로 그 결과 삶 속에서 선악과 현상을 보이게 된다. 즉, 누가 더 좋고 누가 더 못한지 비교하고 평가하는 일이다. 또 평가와 비교를 위해서 논리나 원칙에 집착하게 된다. 이런 논리나 원칙은 의(義)와 불의(不義) 사이에 경계를 짓고, 그 경계는 충돌과 갈등을 가져온다.

선악과의 저주 아래 있으면 누군가를 판단하고 정죄하며 그 방법으로 누군가를 훈육하려고 한다. 또 누군가의 안 좋은 부분을 지적하고 험담하게 된다. 남의 이야기를 하는 것은 달콤하다. 선악과는 우리 죄의 근원과 맞닿아 있다. 자기의(自己義)를 가지고 누군가를 정죄하거나 그들보다는 자신이 낫고 의롭다고 생각하는 것은 잠시 자신의 기분을 좋게 해줄지 모른다. 하지만 어느 누구도 그런 방식으로 변화시킬 수는 없다.

오직 집 나간 둘째 아들을 무조건적으로 품어준 아버지의 사랑만이 사람을 변화시킨다.

하나님을 향한 믿음이 없을 때 우리는 스스로 판단의 주체로 서기 원한다. 삶 속에서 궁극적인 통제력을 놓고 싶어 하지 않는다. 때로는 우리가 영적으로 불안할수록 이 불안을 해소하기 위해 더 많은 자격과 지위를 얻고자 노력한다. 그러나 이런 영적 상태로는 지적인 자극을 주는 성경공부나 신학 공부 또는 교회에서 칭찬받는 일도 그의 영적 성장에 도움을 주지 못한다. 오직 경계가 없는 하나님 아버지를 아는 진리만이 우리를 자유하게 한다.

믿음으로 사는 삶의 모습

선악과의 저주를 끊는 유일한 방법은 믿음을 취하는 것이다. 믿음은 하늘로부터 오는 선물이며 하나님을 경험할 수 있는 능력이라고 설명할 수 있다. 우리는 믿음을 통해서만 하나님을 볼 수 있고 경험할 수 있다.

믿음을 가진 사람에게서 나타나는 일반적인 모습들을 보면 우리는 믿음이 구체적으로 무엇인지 이해할 수 있다. 이것을 한마디로 요약하자면 하나님과 동행하는 삶, 즉 그분과 같이 걷는 것이라고 말할 수 있다.

에녹은 하나님과 동행하는 삶을 살았다. 히브리서 기자는 그가 하나님과 동행하는 삶을 살았기 때문에 죽음을 보지 않고 하늘로 옮겨졌으며, 그것은 하나님을 굳게 믿은 에녹의 믿음 때문이라고 설명한다. 또 그의 믿음이 하나님을 기쁘시게 했다고 강조한다.

> 믿음으로 에녹은 죽음을 보지 않고 옮겨졌으니 하나님이 그를 옮기심으로 다시 보이지 아니하였느니라 그는 옮겨지기 전에 하나님을 기쁘시게 하는 자라 하는 증거를 받았느니라 믿음이 없이는 하나님을 기쁘시게 하지 못하나니 히 11:5,6

즉, 하나님과 같이 걷는 삶을 가능하게 하는 것은 바로 믿음이다. 믿음으로 하나님과 함께 걷는 것을, 하나님은 의(義)로 여기신다. 그래서 성경에서는 노아에 대해 다음과 같이 말한다.

> 노아는 의인이요 당대에 완전한 자라 그는 하나님과 '동행'하였으며 창 6:9

노아가 의롭다고 인정받은 것은 그가 하나님과 같이 걸었기 때문이다. 우리의 행위가 완전해져야만 하나님과 같이 걸을 수 있는 것이 아니다. 거꾸로 노아는 하나님과 동행했기 때문에 완전해질 수 있었다.

로마서 1장 17절에 "오직 의인은 믿음으로 말미암아 살리라"라고 한 것은, 우리가 믿음으로 살아가면서 하나님의 의(義)를 입게 되고, 의로워진다는 뜻으로도 해석할 수 있다. 우리는 모두 하나님과 함께 걸을 수 있다. 이것이 로마서 1장 17절 말씀으로 변화된 마르틴 루터가 주장한 '만인제사장'설이다. 모든 사람이 제사장이라는 말은 우리 모두가 하나님의 임재 안에서 하나님을 경험할 수 있다는 것이다.

chapter 08

하나님을 신뢰해야
나의 걸음을 맡길 수 있다

믿음을 더하소서!

누가복음 17장을 보면 믿음과 관련하여 얼른 이해하기 어려워 보이는 내용이 등장한다. 이 구절을 보면 예수님이 설명하시는 믿음과 우리가 통상적으로 말하는 믿음이 다르다는 것을 감지할 수 있다.

사도들이 주께 여짜오되 우리에게 믿음을 더하소서 하니 주께서 이르시되 너희에게 겨자씨 한 알만 한 믿음이 있었더라면 이 뽕나무더러 뿌리가 뽑혀 바다에 심기어라 하였을 것이요 그것이 너희에게 순종하였으리라 너희 중 누구에게 밭을 갈거나 양을 치거나 하는 종이 있어 밭에서 돌아오면 그더러 곧 와 앉아서 먹으라 말할 자가 있느냐 도리

> 어 그러러 내 먹을 것을 준비하고 띠를 띠고 내가 먹고 마시는 동안에 수종 들고 너는 그 후에 먹고 마시라 하지 않겠느냐 명한 대로 하였다고 종에게 감사하겠느냐 이와 같이 너희도 명령 받은 것을 다 행한 후에 이르기를 우리는 무익한 종이라 우리가 하여야 할 일을 한 것뿐이라 할지니라 눅 17:5-10

나는 이 본문을 통해 믿음에 대한 세 가지 교훈을 함께 나누고자 한다.

첫 번째 교훈은 제자들이 예수님께 믿음을 더해달라고 구했다는 것과 관련이 있다.

"우리에게 믿음을 더하소서!"

제자들은 믿음이 자신들에게서 나오는 것이 아니라 위로부터 주어지는 것임을 알았다. 믿음은 우리가 우리 안에서 만들어낼 수 있는 것이 아니다. 이것은 순전히 위로부터 오는 선물이다.

나에게도 한때 스스로 믿음을 만들어내기 위해 몸부림친 기억이 있다. 중학생 시절, 교회에서 안면도로 여름 수련회를 갔다. 당시 집회에서 강사 목사님이 이런 말씀을 했다.

"은혜를 받으려면 밤새 기도하면서 소나무 뿌리 하나 정도는 뽑아야 합니다!"

당시 나는 신앙에 대한 의구심이 많았는데, 그로 인한 마음의 고통이 무척이나 컸다. 그 의구심과 고통을 해결하고픈 마음에 단단히 결심하고 그날 밤 모래 언덕에서 적당한 크기의 소나무 한 그루를 붙들고 씨름하기 시작했다.

한참을 씨름했는데도 소나무 뿌리는 뽑힐 기미가 전혀 보이지 않았다. 그래서 더 작은 소나무를 찾아 나섰다. 만만해 보이는 작은 나무 하나를 골라서 다시 붙잡고 흔들며 기도했다. 나무는 여전히 뽑히지 않았고, 나는 초조한 마음에 울음을 터뜨리며 기도했다.

"하나님! 소나무가 안 뽑혀요. 어떻게 해요? 어떻게 해요?"

오랜 세월이 지나서야 하나님을 만나는 문제의 핵심은 그런 것이 아니라는 사실을 깨달았다. 하나님을 만나고자 할 때 우리의 열심이 요구되고 중요하기도 하다. 그러나 한편으로는 그것이 우리가 하나님께 나아가는 데 방해가 되기도 한다. 내 열심으로 하나님을 만나겠다고 결단하는 나의 '열심'이 나의 '의'(義)가 되어 하나님 앞에 교만으로 작용하기 때문이다.

하나님께서 우리를 찾아주시도록, 그래서 우리에게 믿음을 더해주시도록, 그저 겸손히 인내함으로 소망 가운데 하나님을 기다리는 것이야말로 나의 의를 드러내는 어떤 열심 있는 행위보다 하나님을 만나는 지름길이 된다는 사실을 깨닫기까지 꽤 오랜 시간과 경험이 필요했다.

내가 믿는 것이 과연 진리인가?

그 당시 나에게 신앙의 의구심과 더불어 믿음의 확신을 가지려는 절박함이 있었던 데는 집안의 환경과 분위기가 주는 압박감도 한몫했다.

어머니는 어려서부터 신앙생활을 해오셨으나 하나님을 믿지 않는 가정의 맏며느리로 시집을 오셨고, 신앙을 지키기 위해 어려운 나날을 보내셨다. 주일을 지키기 위해 집안의 동정을 살피다가 장롱 속에 숨겨둔 성경책을 몰래 가지고 나가 교회에 가서 예배를 드리고 슬며시 집으로 들어오기를 여러 해 반복하셔야 했다.

나의 친할아버지는 원불교에서 말하자면 원로의 위치에 계셨다. 원불교 경전을 모두 일본어로 번역하여 일본 포교에 큰 공헌을 세우기도 하신 분이다. 집안 분위기는 유교적인 전통이 강했다. 집안의 장손이었던 나는 어려서부터 할아버지를 따라 절이나 원불교 교당에 따라다녔고 할아버지가 가르쳐주시는 법어나 경전을 암송하기도 했다.

한편 어머니를 따라서는 교회에 나갔고, 주기도문과 성경 구절을 외웠다. 그러다가 어머니의 기도와 양육 그리고 교회학교에서 말씀을 공부하면서 초등학교에 입학한 이후로는 거의 빠지지 않고 교회에 나가게 되었다.

교회에서는 성경 구절을 많이 암송해서 표창을 받기도 하는 모범적인 학생이었다. 유교적인 가문의 수대 째 이르는 장손인 내가 교회에 다니는 것은 집안 어른들의 염려와 압력과 미움을 불러일으켰다.

초등학교 고학년 때는 아버지가 지방으로 전근을 가시고 부모님과 떨어져 서울에서 조부모님과 함께 살아야 했기 때문에 주일에 혼자서 조용히 교회에 다녀오는 데 늘 용기가 필요했다. 그 무렵부터 중학교 시기까지 나는 왜 예수님을 믿어야만 하는지 회의에 빠지기 시작했다.

한번은 주일학교 예배 후에 동네에서 노방전도를 나갔는데, 나도 얼떨결에 전도대에 합류하게 되었다. 북 치는 선생님을 따라다니며 외치는 아이들 틈에 끼어 함께 거리로 나섰는데, 노방전도를 하는 내내 혹시 누군가 나를 알아보는 사람이 있을까 싶어서 극도의 긴장감과 창피함 속에 얼굴을 들 수가 없었다. 그때 나는 내가 믿고 있는 진리에 대해 자신하지 못하는 나의 모습을 적나라하게 보게 되었다.

원불교 할아버지, 유교적인 가족 전통 외에도 고모와 삼촌들 중에는 여호와의 증인, 불교 또는 증산도에 심취한 분들이 계셨다. 그런 환경 속에서 나는 자연히 진리로 가는 다른 길은 없는지 진지하게 고민하기 시작했고, 이 종교 저 종교 다른 종교에 대한 책들을 뒤적이게 되었다.

하나님을 믿는 것 외에 다른 길이 존재하면 어떻게 하나 싶은 마음에 나는 불안해졌다. 만약 진리로 가는 다른 길이 엄연히 존재한다면 나도 사도 바울이 말한 것처럼 가장 비참한 사람이 되는 것이었다. 고민이 거듭될수록 믿음이 확고해지기는커녕 나는 점점 더 영적으로 메말라갔다. 고민 끝에 나는 잠정적으로 결론을 내리기로 했다.

"불교에서는 꼭 하나의 길을 제시하지 않고 적선(積善)하고 비우라고 하고, 유교에서는 행실을 바르게 하면 된다고 하는데, 기독교에서는 예수님을 믿는 것 외에는 다른 길이 없다고 하니 일단 예수님을 믿어보자. 예수님을 잘 믿으면 일단 기독교에서 말하는 천국에 가게 될 테고, 동시에 다른 종교가 요구하는 기준도 채울 수 있어. 그러니 기독교를 믿는 것이 사후에 대한 가장 안전한 보장 장치가 될 것 같아."

하나님이 심고 자라게 하신 믿음

그러나 이런 타협안으로는 내 마음을 평안하게 할 수 없었다. 어느 날부터인가는 예배 시간에 사도신경을 외우는 것이 마음에 불편해지기 시작했다. 사도신경 고백 가운데 나오는 '믿는다'는 표현을 말할 때마다, 나는 그 내용을 확고히 다 믿고 있지 않다는 것을 느꼈기 때문이다. 믿지도 않으면서 믿는다고 고백하는 것은 또 다른 죄를 짓는 것이라는 결벽증적 생각에 나는 제대로 신앙고백을 외울 수가 없었다.

주기도문을 외우는 것도 마찬가지였다. 주기도문으로 기도하는 내용이 내 마음이 실제로 원하는 것과 다르다고 느꼈기 때문이다. 내 마음에는 여전히 갈등이 있었고 나는 그것을 해결할 능력이 없었다. 마음이 불편하니 집에서 들려오는 어머니의 찬송가 소리도 듣기 싫었다. 어머니가 교회에 가서서 늦게까지 집을 비우실 때면 마음에서부터 짜증이 올라오곤 했다.

나는 일부러 하나님을 믿지 않아보려고 했다. 그러나 그것도 불가능했다. 나는 내 자신이 하나님을 믿지 않는다는 것조차 확신할 수 없었다. 그러다가 결국은 내 영(靈)의 깊은 곳에 작지만 하나님에 대한 믿음이 자리하고 있다는 사실을 깨달았다.

고등학교에 들어가서 니체(Friedrich Nietzsche, 1844~1900. "신은 죽었다"라는 말로 유명한 독일 철학자)나 헤르만 헤세(Hermann Hesse, 1877~1962. 《데미안》의 작가)와 같은 작가들의 책을 접하면서 새로운 영역에서 신앙의 도전을 받았다. 대학교에서 새로운 사상들을 접하고 학생 운동이라는 영역을 만나면서 또 다른 방황을 겪기도 했다.

그러나 그런 방황은 결국 나를 더 큰 믿음으로 자라가게 했다. 나는 내 노력과 무관하게 내 안에 무언가가 심겨졌다는 것을 느꼈다.

물론 믿음을 갖고자 열심으로 애쓰는 것은 중요하다. 예수님께서도 구하고 찾으라고 말씀하셨다. 그러나 우리가 애쓴다고 해서 그것이 바로 믿음으로 환원되는 것은 아니다. 우리의 간절함이 하늘 보좌에 달한 후 그것들이 기능하기까지는 하나님의 섭리 가운데 그분이 정하신 방식과 타이밍에 맞춰지는 시간이 필요하다.

그 때가 이르기까지 나는 내 안에서 조금씩 자라가는 하나님에 대한 사랑과 믿음을 느낄 수 있었다.

시험을 이길 때 찾아오는 평강은 크다

대학 시절 어느 토요일 밤, 나는 학과 친구들과 함께 술잔을 기울이고 있었다. 대학에 입학한 후 술을 마시지 않는다는 이유로 받는 압박이 매우 컸기 때문에 나는 친구들의 비위를 맞추기 위해 술잔을 들었다. 반쯤 취해서 집으로 돌아가다가 문득 다음 날 교회학교 분반 공부를 위해 공과 준비를 해야 한다는 생각이 들었다. 그때 나는 주일학교 교사였다.

불현듯 내가 맡은 반 아이들의 얼굴이 떠올랐다. 그 아이들이 지금 나를 보는 것 같다는 생각이 들자 부끄러웠다. 그러자 하나님이 내 마음에 이렇게 말씀하시는 것 같았다.

"너는 그 아이들 앞에서만 부끄럽고 내 앞에서는 부끄럽지 않니?"

그랬다. 나는 주위를 의식하고 주변 사람들이 나를 어떻게 보느냐에만 관심을 가지고 있었지, 내 앞에서 나를 보고 계시는 하나님을 인정하고 있지 않았다. 집으로 돌아가는 길에 울면서 하나님께 죄송하다고 말씀드렸다.

그때부터 나는 하나님의 눈을 의식하며 내 삶의 구석구석을 살피기 시작했다. 그러자 내 삶에서 끊어야 할 것들이 점차 눈에 띄기 시작했다. 하지만 그것을 끊어낼 힘이 내게는 없었다. 그 가운데 하나가 제사에 관한 것이었다.

나는 집안의 장손으로 제사를 지낼 때마다 아버지를 거드는 자리에 있었다. 그렇지만 하나님의 눈을 의식하자 마음이 몹시 불편했다. 나는 어머니와 함께 이제 막 교회에 다니기 시작하신 아버지를 설득했고, 집안 어른들에게 더 이상 제사에 참여하지 않겠다고 선언했다. 집안에서 견디기 힘든 고통의 시간이 찾아왔다.

한번은 집안 어른들과 함께 할아버지 산소에 성묘를 다녀오게 되었다. 묘소 앞에서 다른 분들이 모두 엎드려 절하는 동안 나는 서서 묵념을 했다. 아버지도 다른 분들과 함께 절을 하시는 것이 눈에 띄었다. 절하는 분들의 눈길이 내 목과 어깨를 짓누르는 것이 느껴졌다. 견디기 어려운 중압감이 나를 짓눌러 엎드러지게 하는 것 같았다.

그런데 놀라운 사실은 성묘를 마치고 돌아오는데 내 마음은 새털처럼 가벼워졌다는 것이다. 이 경험을 통해 나는 유혹은 잠깐이고 그것을 이긴 후 찾아오는 평강은 지속된다는 사실을 배웠다.

할머니의 신앙고백

하나님을 지속적으로 알아가면서 집안의 각종 압력과 회유를 이겨내는 한편, 어머니와 함께 믿지 않는 가족들을 위해 지속적으로 기도하기 시작했다. 특히 어머니는 믿지 않는 할머니를 위해 그동안 기도를 많이 쌓으셨다.

그러던 어느 날, 연로하신 할머니께서 치매 증상을 보이기 시작하셨다는 소식이 들렸다. 그 소리에 나는 그동안 기도해오던 것이 모두 수포로 돌아갔다고 생각했다. 당시 미국에서 유학할 때였는데, 할머니는 장손인 나의 전화를 받으면서도 내가 누구인지조차 헷갈려 하실 정도였다.

그런데 그런 할머니의 마음을 하나님께서 만지시고 변화시켜주셨다. 내게는 이 사실이 몹시 충격적으로 다가왔다. 이성(理性)이 정상적으로 기능하지 못하면 구원의 진리를 제대로 이해할 수 없고, 또 그러한 이해가 없이는 믿음이 생겨날 수 없다고 생각했기 때문이다.

신앙 문제에 관한 한 유독 고집이 세셨던 할머니가 어머니의 권유에 순순히 교회에 나가기 시작하셨고 세례도 받으셨다. 처음에 나는 할머니가 정신이 혼미해지셔서 잠시 마음이 변화하신 게 아닐까 하는 의구심을 가졌다. 하지만 어머니로부터 할머니의 삶에 나타난 변화에 대해 듣고 난 후에는 할머니께서 진실로 예수님을 믿게 되었음을 알게 되었다.

언제부터인가 할머니가 찬송을 부르시기 시작했는데, 요즘에는 잘 불리지 않는 찬송이었다. 어머니는 할머니가 즉석에서 노래를 지어서 부르신다고 생각하셨다. 그런데 나중에 가사를 찾아보니 옛날 찬송가에 들어 있는 찬송이었다고 한다. 할머니가 초등학생이던 시절 잠시 교회에 다닌 적이 있다고 하는데, 그때 들었던 찬송이었지 않을까 싶었다. 아마 성령님이 기억나게 해주셨던 것 같다.

어느 날 어머니가 교회에 가셨다가 저녁 늦게 귀가하셨다. 어머니는 집에 홀로 계신 할머니를 생각하고 집안으로 들어서자마자 급히 할머니를 찾았다. 혼자서 외롭거나 무섭지 않으셨냐고 물으니, 예전 같으면 아프고 배가 고프다고 투정하셨을 법도 한데 오히려 이렇게 말씀하셨다고 한다.

"예수 선생하고 같이 있는데 뭐가 무섭겠니? 나는 예수 선생하고 같이 있어서 편하고 기쁘다."

그 후로도 할머니는 예수님과 동행하는 가운데 늘 평안해 보이셨다. 임종 직전까지 평안한 모습으로 계시다가 영원한 하늘나라를 향해 떠나셨다.

이성을 넘어서 역사하시는 하나님

할머니의 마음을 만지고 변화시키시는 과정을 보면서 나는 하나님께서는 우리의 이성을 넘어서서 영(靈)으로 교통하는 분이심을 어렴풋하게 깨달을 수 있었다. 또한 믿음이 영향을 미치는 영역은 이성이 관장하는 영역 너머에 있다는 것을 깨달았다. 그렇기 때문에 뇌가 제대로 기능하지 못하고 논리적인 사고를 할 수 없어도 우리는 예수님을 우리의 구주로 이해하고 삶 가운데 받아들이며 우리의 삶과 행동의 변화를 경험할 수 있게 된다. 그 믿음은 위에서부터 우리에게 선물로 주어지는 것이다.

우리가 흔히 하는 것처럼 "믿습니다! 믿습니다!"를 수도 없이 반복한다고 해서 믿음이 자라는 것이 아니다. 우리의 노력으로 하나님을 믿으려 한다고 해서 믿어지는 것이 아니라는 말이다.

> 너희는 그 은혜에 의하여 믿음으로 말미암아 구원을 받았으니 이것은 너희에게서 난 것이 아니요 하나님의 선물이라 행위에서 난 것이 아니니 이는 누구든지 자랑하지 못하게 함이라 엡 2:8,9

믿음은 능력을 수반하는 실체다

누가복음 17장에서 우리가 볼 수 있는 믿음에 관한 두 번째 교훈은, 믿음은 능력을 수반하는 실체라는 것이다. 예수님은 믿음을 더해달라는 제자들의 요청에 이렇게 말씀하신다.

> 너희에게 겨자씨 한 알만 한 믿음이 있었더라면 이 뽕나무더러 뿌리가 뽑혀 바다에 심기어라 하였을 것이요 그것이 너희에게 순종하였으리라 눅 17:6

겨자씨 한 알만 한 믿음만 있었더라도 능력을 발휘할 수 있을 것이라는 말씀이다. 오늘날 서구 현대 교회는 헬레니즘 전통의 영향 아래 '믿음'을 성경 내용에 대한 이해 내지 교리 체계에 대한 고백으로 대치시켜 왔다. 그러나 예수님은 이 말씀으로, 믿음은 실체이고 능력을 수반하는 것임을 분명히 가르치셨다.

한 선교사님이 세계 여러 나라의 교계 지도자들이 모이는 컨퍼런스에 참여했을 때 겪은 이야기이다. 컨퍼런스 도중에 갑작스럽게 한 분이 쓰러지셨다. 그러자 그 자리에 있던 여러 지역에서 오신 선교사들마다 그 상황에 대처하는 반응이 각각 달랐다고 한다.

미국에서 온 선교사들은 구급차를 부르기 위해 전화를 걸었다. 이것이 응급 상황에 대처하는 그들이 믿는 최선의 방식이었다. 반면에 아프리카에서 온 선교사들은 그 자리에서 바로 쓰러진 사람에게 손을 **뻗어** 기도하기 시작했다고 한다. 의료 시설이 없다시피 한 곳에서 사역하는 그들은 하나님의 초자연적인 개입을 신뢰하며 위기의 순간에 즉각적으로 기도하는 것이 삶의 자연스러운 모습이었다.

'나' 사용권

2010년 여름, 안식년을 마무리하면서 호주의 여러 도시를 돌며 여러 한인 교회에서 말씀을 전할 기회를 갖게 되었다. 집회를 준비하는데 하나님께서 특별히 집회 중 치유를 위한 안수기도를 하라는 마음의 부담을 주신다고 느꼈다. 그 전까지만 해도 집회 참석자 중 몇몇 사람이 자신을 위해 기도해줄 것을 요청할 때마다 나는 정중히 거절하곤 했다. 각 사람이 직접 하나님께 구하고 하나님을 만나야 한다는 것이 표면적인 이유였다. 나는 이 점을 항상 강조해왔다.

하지만 내가 치유를 위한 안수기도를 하지 않는 더 큰 이유는, 나의 부르심이 집회 사역에 있는지, 나 자신이 확신이 없었기 때문이다. 집회 사역이 나의 궁극적인 부르심이 아니라면, 목회 안수를 받지 않은 전문인 선교사가 안수를 하여, 논쟁을 불러일으킬 만한 문제의 중심에 서는 일이 부담스러웠기 때문이다.

호주 집회 전에 하나님께서는 이런 나의 태도가 하나님을 경외하기보다는 주변을 의식하는 데서 나온 것임을 알려주셨다. 하나님께서는 나를 여러 가지 방법으로 사용하기 원하시어 다양한 은사들을 허락하셨지만, 내가 그것들을 제한하고 사용하지 않아 사장되고 있다는 사실을 깨닫게 하셨고, 그에 대해 부담을 느끼게 하셨다.

그래서 나는 성령님의 인도하심 가운데 하나님께서 자유롭게 나를 사용하실 수 있도록 나를 온전히 맡겨드릴 필요에 대해 인정하게 되었다.

믿어지는 것만 믿으려고 하는 불신앙

멜버른의 한 장로교회에서 저녁 집회를 앞두고 그 교회 담임 목사님과 교제하는 시간을 가졌다. 나는 그 자리에서 최근에 하나님께서 초자연적인 치유의 역사를 구하는 믿음에 대해 마음을 주신 적이 있음을 나누었다.

특별히 호주의 교회들이 이 믿음의 역사를 인정하지 않는 것과 이민 교회들이 호주 교회를 비난하면서도 그들을 닮아가고 있는 모습에 대해 책망하시는 것 같다고 말했다. 또한 교회들이 삶의 편안함과 안정감 때문에 하나님을 기대하는 신앙에서 멀어졌고 그저 형식적으로 신앙생활 하는 데서 돌이키기 원하신다고 느껴서 그 부분에 대해서도 솔직하게 나누었다.

교인들이 믿어지는 것만 믿으려 하고 이해되는 것만 믿으려 하는 모습, 이것은 명백한 불신앙이었다. 사실 오늘날의 교회는, 불신앙을 가지고 지내는 것이 초자연적인 믿음을 가지고 믿음의 모험에 나서는 것보다 더 편리한 구조가 되어가고 있다. 하나님께서 이것을 깨기 위하여 내게 집회 가운데 치유를 선포하며 기도하기를 원하시는 것 같다고 말씀드리며 생각을 나누었다.

그 교회 목사님은 보수적인 전통 속에서 신학을 공부하고 또 목회를 하고 계신 분이었다. 그렇기 때문에 나는 이 부분에 대해 이야기하면서도 사실 특별한 기대감 없이 편안한 마음으로 대화를 이어갔다. 그런데 놀랍게도 이 목사님은 저녁 예배 때 치유를 위해 기도하는 시간을 갖는 것에 적극적인 태도를 보이셨다.

나는 도리어 부담스러운 마음을 안고 숙소에서 기도했다. 하지만 특별히 내게 주시는 감동이 없었다. 손이 찌릿찌릿하거나 기도하는 대상을 향한 깊은 긍휼의 마음이나 내 안에 임하는 주님의 특별한 임재의 느낌 같은 것이 전혀 없었다. 집회가 시작되었고 말씀을 다 전하기까지, 하나님이 주시는 치유를 위한 특별한 사인 같은 것은 느껴지지 않았다. 그래서 나는 기도가 필요한 사람들을 위해 기도해주는 시간을 가진 뒤 그냥

단에서 내려가려고 했다.

그러자 목사님은 당혹해하며 내게 치유기도 하는 시간을 갖지 않느냐고 물으셨다. 이미 교인들 가운데 아픈 분들에게 일일이 전화해서 치유를 위해 기도하고 기대하며 나오시도록 전했다는 것이다.

나는 난감했다. 마치 도살장으로 끌려가는 소처럼 나는 강대상 앞으로 다시 나갔다. 그리고 치유가 필요하신 분들은 앞으로 나오시도록 했다. 스무 명도 넘는 분들이 앞으로 나왔다. 그때 나는 솔직히 그 자리를 피해 도망치고 싶었다.

하나님보다 나부터 살피는 믿음 없음

나는 잠시 하나님께 무엇을 원하시는지 마음속으로 여쭈었다. 그러는 사이에 내 머릿속을 스치고 지나가는 생각이 몇 가지 있었다. 첫 번째는 내가 기도했는데 아무 일도 일어나지 않으면 어떻게 할까 하는 불안감이었다. 내 안에 하나님에 대한 신뢰가 없음을 보았다.

물론 내가 치유를 믿지 않는 것은 아니었다. 가족이 아프거나 지인들 중 몸이 편찮은 분들의 치유를 위한 기도를 한 적은 여러 번 있었다. 그럴 때마다 하나님께서 신실하게 기도에 응답해주셨고 기적적인 치유를 경험하기도 했다.

그러나 그토록 여러 번 치유의 역사를 경험했어도 그것은 주로 개개인을 위해 기도했을 때였지 이렇게 공개적으로 집회 중에 한 것은 아니었다. 또 감기와 같은 가벼운 질병에 대해서야 부담 없이 기도하지만 암과 같은 중병을 놓고 기도하는 일에는 마음에 어려움을 느끼고 있었다.

어느새 하나님에 대한 초자연적인 믿음을 가지고 살기보다 믿음 없이 신앙생활 하는 것을 더 편하게 느끼고 있는 내 모습이 보였다.

두 번째로 그 순간 내가 하나님 걱정이 아닌 내 걱정을 하고 있다는 것이다. 나는 주기도문의 첫 문장조차 넘어가지 못하고 있었던 것이다. 주기도문은 "하늘에 계신 우리 아버지여 이름이 거룩히 여김을 받으시오며"라는 고백으로 시작된다. 그러나 내 안에서 하나님의 이름이 높임 받으시기를 원하기보다 나 자신의 이름을 관리하고자 하는 모습을 엿본 것이다. 내 마음을 조금 더 자세히 들여다보니, 이미 책을 써서 잘 알려진 선교사가 전체 회중 앞에서 치유기도를 하는 모험을 하다니, 이런 불편함이 있음을 알게 되었다.

하나님의 이름보다 나의 성취 여부에 관심을 갖고 있는 내 모습을 보면서 한심한 생각이 들었다. 하지만 결국 있는 그대로를 인정해야만 했다. 그렇게 나의 연약함을 인정하고 나서, 나의 이러한 믿음 없음에도 불구하고 하나님은 일하실 수 있는 분이심을 겸손하게 고백했다. 또한 하나님은 아픈 지체들의 건강을 회복시키기를 원하는 분이심을 고백했다.

나는 이런 나의 믿음 없음에도 불구하고 나를 이 자리에 세우신 하나님을 신뢰하며 그분의 인도하심에 순종하기로 결정하고 안수하며 기도하기 시작했다.

그 치유기도의 시간을 통해 몇몇 분에게 하나님의 치유의 은혜가 임한 것 같았다. 한 자매가 울면서 엎드렸다. 집회를 마친 후 그 자매는 자신의 이야기를 들려주었다. 턱 관절의 문제로 오랜 시간 고통 받고 돈도 많이 쓰고 이제는 거의 탈진 상태였는데, 하나님께서 안수를 받는 순간 고쳐주셨다는 것이다. 나는 믿음과 능력이 없지만 그럼에도 하나님은 나의 순종을 받으시고 일하고 계셨다.

다음 날 공항으로 가기 전 그 교회의 담임 목사님과 아침 식사를 할 기회가 있었는데, 그 분이 내게 이런 고백을 했다.

"다른 사람이 나았다는 사실은 다 믿어지는데 우리 교회 교인이 나았다는 사실은 믿어지지가 않았어요. 솔직한 심정으로 혹시나 재발하면 어떻게 하나 불안했습니다."

나 역시 치유의 현장에서 하나님의 치유가 온전하고 완전한 것인지 신뢰하기 어렵다고 느끼고 있었다는 사실을 깨달았다. 이것이 우리 믿음의 현주소이다. 그런데도 하나님은 우리를 사용하시어 일하고 계신 것이다.

그 자매는 나중에 자신의 상태가 어떻게 호전되었는지 이메일을 통해 구체적으로 나누어주었다.

그럼에도 불구하고 하나님은 역사하신다

안수기도 당시 병자들을 위해 기도해주다보면, 아무리 집중하여 기도해도 어디가 아픈지 도무지 느껴지지 않는 경우도 있었다. 집회 후에 한 자매에게 물어보았다.

"어디가 아팠던 건가요?"

"실은 마음이 아팠어요."

나중에 그 말을 전해 들은 그 교회 담임 목사님이 말씀했다.

"마음이 아픈 것이 더 큰 병이지요."

나는 솔직한 심정으로 대답했다.

"하지만 솔직히 저는 마음이 아팠다는 이야기를 듣고 조금은 안도했어요. 마음이 아프다니 기도하기에는 좀 더 편하다는 생각이 들었습니다. 적어도 당장 결과가 밖으로 드러나지는 않으니까요. 저는 기도하면서 결과에 집착하는 제 모습을 보았어요."

나는 하나님의 선하신 뜻이 이 땅에 이루어지기를 기대하기보다 내가 한 기도의 결과에 집착하고 있었던 것이다. 호주 집회를 통해서 나는 영적 침체를 깨기 위해서는 먼저 나 자신의 약함을 고백하고 하나님을 신뢰하며 순종으로 반응해야만 한다는 사실을 깨달았다. 동시에 내가 얼마나 믿음 없는 존재인지 적나라하게 볼 수 있는 기회가 되었다.

하나님의 나라가 임하는 것은 권능을 수반한다. 나는 사람들 앞에서 하나님나라를 이야기하고 선포해왔지만, 실제로 능력의 나타남과 초자연적인 역사에 대해서는 얼마나 기대감이 적었는지를 절감했다.

또 내 믿음의 분량과 상관없이 순종할 때 나타나는 하나님의 역사가 있다는 사실을 깨달았다. 순종은 믿음의 한 표현이다. 우리가 순종할 수 있으면 믿음의 역사를 볼 수 있다. 하나님의 뜻을 보고 그 뜻에 따라 걸음을 떼는 것이 곧 믿음이다. 믿음은 확신만을 의미하지 않는다. 믿음은 믿어지지 않는 상황에서도 그분에게 보내는 신뢰이다.

그날 이후 하나님께서는 병자들을 위해 기도해야 하는 상황으로 여러 번 나를 몰아가셨다. 그리고 계속되는 치유의 역사를 경험하게 하셨다. 가족과 친지만을 위한 소극적인 치유 영역에서 더 나아가도록 나를 이끌어 가신 것이다. 그것은 사실 익숙하지 않고 불편한 경험이었다. 내가 그리고 있는 사역의 방향과 모습을 깨뜨려야만 받아들일 수 있는 사역 방식이기 때문이다.

그러나 하나님께서는 믿음은 단순한 이해가 아니라 능력을 수반하는 실체라는 사실을 너무도 분명히 말씀하셨다.

신앙 조숙증?

이 일에 대해서 아내와 함께 이야기를 나눈 적이 있는데, 아내도 최근에 깨닫게 된 부분에 대하여 고백했다.

아내는 대학생 시절 선교 단체에 가입하면서 본격적으로 신앙생활을 시작했다. 그 무렵 아내의 신앙 모토는 복음송가 제목에도 있듯이 '그리 아니하실지라도 감사해요' 신앙이었다. 다니엘의 세 친구가 하나님께서 설령 자신들을 풀무 불 속에서 구해주지 않으시더라도 자신들은 우상 앞에 절하지 않겠다고 왕 앞에서 용기 있게 말하는 장면에서 나온 표현이다.

아내가 돌아보건대, 그 당시 어려움이 닥치거나 원하는 것이 있을 때에라도 하나님께 그것을 달라고 간절히 끝까지 구해본 적이 그다지 많지 않았다고 한다. 자기가 원하는 것이 있어도 하나님께 차마 기도로 아뢰지 못하고, 그저 속으로만 알아서 해주시기를 바라는 마음이었다. 기도를 하더라도 하나님이 원하시는 것이 아니면 어떻게 하나 하는 생각에 불안했고, 설령 하나님이 소원을 들어주시지 않더라도 실망하지 않는 것이 좋은 신앙인의 모습이라고 생각했다는 것이다.

'그래, 내가 좀 더 성숙하게 굴어야지. 하나님께서 합력하여 선(善)을 이루도록 해주신다고 하셨으니까 기다려보자.'

아내는 이런 생각으로 일찍부터 신앙적으로 조숙해진 것이다. 그러나 사실 이러한 태도는 어떤 면에서 자신의 신앙이 상처 받지 않도록 자신을 보호하려는 의도에서 비롯된 것이었다고 아내는 고백했다.

비슷한 예로 '내려놓는다'는 말을 잘못 이해하여, 어떤 문제를 놓고 간구하고 싶지만 차마 기도하지 못하고 그냥 머뭇머뭇 주저하면서 '하나님이 알아서 해주시겠지'라고 포기하는 행동을 내려놓는 신앙이라고 오해할 수 있다.

실제로 《내려놓음》 책에서 듣는 기도에 대해 강조하다보니 이 부분을 읽은 독자 중에는 자신이 원하는 바를 간구하지도 않고 참으면서 버티는 것을 성숙한 신앙이라고 오해하는 경우가 있었다.

아내는 최근 아이들과의 관계에서, 아이들에게서 부모의 마음을 헤아려주는 좀 더 성숙한 자녀의 모습을 요구하는 자신의 모습을 보면서 이 부분이 잘못되었다는 사실을 깨닫기 시작했다고 한다. 사실은 조숙한 아이를 바라보는 것은 부모에게도 아픔이 된다. 어린아이가 자신이 원하는 것을 말도 못하고 어려워하며 우물쭈물하는 것을 보면서 '아, 속이 깊은 아이로구나!' 하고 기뻐할 부모는 별로 없을 것이다.

이런 신앙 조숙 증상은 어려서부터 부모님과의 관계에서 형성된 태도와도 맞물려 있는 것으로 보인다. 아내는 전형적인 착한 맏딸로 '맏딸 콤플렉스'를 가진 사람이었다. 유교적인 아버지 밑에서 자라면서 자신이 원하는 바가 있더라도 부모님의 마음을 아프게 할까봐 차마 입 밖으로 내지 못하곤 했다.

아내와 같이 맏딸 콤플렉스를 가진 사람들의 문제는, 부모님이 알아서 해주시겠지 하는 생각으로 원하는 것을 말 못하고 있다가 자신이 기대하던 대로 일이 진행되지 않으면 마음속에 실망감이 찾아온다는 것이다. 이런 실망감을 밖으로 내색하지 않고 있다 보면 시간이 흐르면서 그것이 점차 상처로 남게 된다. 이렇게 형성된 태도는 하나님과의 관계를 비롯해서 주변 사람들과 맺는 관계에서도 그대로 투영되어 나타나기 쉽다.

"내가 하나님을 참 아빠로 인식하지 못하고 있었구나. 내가 정말 원하는 것을 아빠 되신 하나님께 충분히 구하지도 못하고 있었구나. 하나님 아빠의 사랑에 대한 진정한 믿음이 없었구나."

이런 모습이 신앙 좋은 성숙한 태도로 윤색되곤 하지만, 이런 태도는 불신과 신앙 사이의 경계에서 줄타기하는 모습이라고 할 수 있다. 이런 모습으로는 모든 상황을 넘어서 초자연적으로 역사하시는 하나님의 손길을 바라고 소망하는 믿음을 키울 수 없다. 하나님을 아빠 아버지로 믿는 기본적인 믿음과 신뢰가 결여되어 있기 때문이다.

그렇기 때문에 아내는 하나님이 주시려고 예비하신 것을 믿음으로 선포하고, 또 그것이 하늘에서 이루어진 것처럼 땅에서도 이루어진 것으로 선포하고 그것들을 침노해서 얻으려고 하지 않았던 것이다.

사도 바울은 보이는 세계보다 보이지 않는 세계가 더 우위에 있다고 가르친다.

> 우리가 주목하는 것은 보이는 것이 아니요 보이지 않는 것이니 보이는 것은 잠깐이요 보이지 않는 것은 영원함이라 고후 4:18

보이지 않는 세계를 경험할 수 있도록 비춰주는 것이 믿음의 역할이다. 믿음을 통해서 우리는 일상 가운데 특별한 능력과 하늘의 영역을 초청할 수 있다.

오늘날 서구 현대 교회들은 이성과 논리에 신앙을 가두어두려고 시도하면서 결국 신앙을 잃어가고 있다. 서구 신학의 방법론이 더욱 정교화되면서 오히려 교회 안에서 신앙은 제도라는 틀 속에 갇히고 능력을 잃어가고 있는 것이다.

반면에 남미나 아프리카, 동남아시아 등에서 비교적 신학적으로 자유롭고 성령의 역사를 인정하는 독립 교단들이 폭발적인 성장을 이루고 있다.

믿음은 능력을 수반한다. 믿어지는 것만 믿는 믿음과 보이는 것만 믿는 믿음은 온전한 믿음이라고 할 수가 없다.

종의 도리를 먼저 배워라

누가복음 17장에서 예수님이 믿음에 대해 가르치신 세 번째 내용은 믿음을 가진 사람에게서 나타나는 태도에 관한 것이다. 믿음을 더해달라는 제자들의 요청에 예수님은 이렇게 말씀하신다.

> 너희 중 누구에게 밭을 갈거나 양을 치거나 하는 종이 있어 밭에서 돌아오면 그더러 곧 와 앉아서 먹으라 말할 자가 있느냐 도리어 그더러 내 먹을 것을 준비하고 띠를 띠고 내가 먹고 마시는 동안에 수종들고 너는 그 후에 먹고 마시라 하지 않겠느냐 명한 대로 하였다고 종에게 감사하겠느냐 이와 같이 너희도 명령 받은 것을 다 행한 후에 이르기를 우리는 무익한 종이라 우리가 하여야 할 일을 한 것뿐이라 할지니라 눅 17:7-10

이 말씀은 우리에게 왠지 서운하게 다가오고 마음에 걸리기 쉽다. 그리고 이런 종의 태도가 우리의 믿음과 무슨 상관이 있는지 쉽사리 눈에 들어오지도 않고 이해가 되지도 않는다.

한 가지 분명하게 알 수 있는 것은 예수님이 우리에게 종의 도리에 대해 가르치시는 것은, 앞으로 있을 우리의 통치의 때를 준비시키기 위함이라는 것이다. 하나님은 우리와 함께 이 땅을 통치할 날을 기다리고 계신다. 우리는 하나님과 함께 세세토록 왕 노릇 하기 위해 부르심을 받았다. 그러나 하나님이 원하시는 모습의 왕 노릇을 하기 위해서 먼저 요구되는 것이 바로 이 종의 도리를 배우는 것이다.

예수님은 섬김의 왕으로 이 땅에 오셨다. 하나님의 통치는 섬김의 통치이다. 하나님은 왕이면서 동시에 아버지이신 분이다.

왕의 품에 안긴 갓난 아들은 아버지를 왕으로 대하지 않는다. 아기는 왕의 명령에 반응하는 것이 아니다. 도리어 자기의 울음으로 왕을 움직이려고 한다. 아기는 자기가 왕 노릇 하려 한다. 그렇지만 아버지인 왕은 이 아기의 울음과 응석을 다 받아낸다. 그리고 인내와 사랑으로 이 아기를 자신을 닮은 존재로 키워낸다. 아버지의 섬김이 어린 아들을 통치자로 키워내는 것이다.

묵묵히 감당하라

누가복음 17장 7-10절 말씀을 자세히 묵상해보면 여기에서 예수님은 구체적으로 어떤 행위가 믿음이 있는 사람의 행위인지 설명하고 계시다는 사실을 알 수 있다. 앞에서 다루었듯이 우리의 행위 자체가 믿음을 불러일으키는 것은 분명 아니다. 그러나 적어도 우리의 행위를 보면 우리가 진정한 믿음을 가진 존재인지 아닌지를 알 수 있다.

이 말씀에서 알 수 있는 믿음의 태도는, 먼저 내 할 일을 다 하는 것이다. 아무리 지루하고 싫증나는 일이라 할지라도 그 일 가운데 자기 몫을 다 감당하는 것이다.

내가 선교지에서 경험하고 깨달은 것은 하나님 안에서 지루한 일상이란 없다는 것이다. 아무리 단순한 작업이 반복되는 지루한 일일지라도 그 안에 하나님을 초청할 때, 그 일 자체가 축복의 통로가 된다는 것을, 나는 여러 번 경험했다. 문제는 무슨 일을 하느냐가 아니라 누구와 어떻게 하느냐이다.

둘째는 그 후에 주님을 수종 드는 것이다. 그분 곁에서 그분의 방식을 배우는 것이 믿음이다. 우리가 주님 곁에서 수종 들어야 하는 이유는 그분의 왕 되심과 통치하심을 옆에서 보고 배우기 위해서다.

또한 우리의 일에 주님을 포함시키고 또 시간을 떼어서 그분 곁에서 함께하는 것이 믿음이다. 주님과 개별적인 시간을 가지며 그분으로 채워지기를 갈망하는 것, 그것이 믿음 있는 사람의 모습이다.

이것을 통해 결국 예수님이 가르치시려는 믿음의 태도는, 우리가 눈에 띄는 보상이 없어도 하나님께서 우리에게 맡겨주신 일 가운데 순종할 수 있느냐 하는 것이다.

키르기스스탄에서 열렸던 중앙아시아 시니어 선교사를 위한 포럼에서 어느 선교사님이 설교 중에 언급하신 이야기이다. 그 선교사님이 어느 식당에서 커피를 마셨는데, 커피 맛이 너무 좋아서 주방에 들어가 직접 그 비결을 물었다고 한다.

가르쳐주지 않으려는 주방장을 붙잡고 여러 번 설득한 끝에 들은 답은 의외의 것이었다. 커피에 약간의 소금을 넣었기 때문에 커피의 단 맛이 살아났다는 것이다. 소금이 약간 들어가 자신의 짠 맛을 죽이니까 커피 전체의 맛이 살아난 것이다.

우리 크리스천들은 흔히 세상의 소금이라고 말한다. 우리는 언제 어느 곳에서든 소금으로서 소금의 맛을 잃으면 안 된다. 그러나 한 가지 명심할 것은 소금의 맛이 너무 강해지면 안 된다는 것이다. 음식이 맛있으려면 소금 맛이 강하면 안 된다. 음식에서 소금이 들어간 것이 강하게 느껴지면, 그 음식은 짜서 못 먹게 된다.

선교와 선교사도 마찬가지이다. 선교사가 드러나면 하나님의 선교를 망치게 된다. 그 선교사님은 이렇게 덧붙이셨다.

"회개에도 내가 하는 회개와 하나님이 시켜서 하는 회개가 있습니다. 내가 주도하는 회개는 율법적인 회개일 뿐입니다. 선교도 마찬가지입니다. 내가 주체가 되어 내가 주도적으로 하는 선교는 결국 율법을 쌓는 일일 뿐입니다."

영적인 영역에서 우리 행위의 동기를 살피는 일은 매우 중요하다. 보상을 바라고 내가 드러나기 위해 행하는 선한 일은 믿음의 행위와는 거리가 멀다. 믿음을 가진 사람은 비록 자신에게 유익해 보이지 않더라도 하나님께서 허락하신 자기 자리를 끝까지 지킨다.

우리는 남들이 보는 앞에서는 다 하나님께 순종하는 것 같다. 그러나 내가 죽어야 하는 상황에서, 남들이 보지 않는 상황에서도 하나님 앞에서 순종하는 것, 그것이 믿음이다.

보상을 바라는 사역은 교만이다

우리가 하나님의 일을 할 때 보상을 바라게 되면 그것은 경쟁적인 사역이 되기 쉽다. 경쟁 의식은 비교 의식으로부터 발생한다. 그리고 이런 비교 의식의 뿌리는 선악과에서 시작되었다. 누가 더 나은지 구별 짓는 의식은 선악과를 따먹은 후 인간에게 찾아온 저주이다.

우리의 사역이 자꾸 경쟁적이 되는 이유는 결국 보상을 바라기 때문인데, 물질이나 지위의 보상보다 더욱 미묘하게 크리스천들을 움직이는 것이 바로 명예의 보상이다.

우리가 주인을 섬기는 이유가, 주인의 눈에 들어 보상을 받기 위해서인 경우가 있다. 세상 사람들이 종교에 귀의하는 이유는 대부분 종교가 제공하는 보상 때문이다. 예를 들어 우리 조상들은 삼신할머니나 천지신명 또는 산신령 같은 존재들에게 정화수를 떠놓거나 제사상을 차려놓고 빌곤 했는데, 그것은 그 신적(神的) 존재에게 잘 보여서 원하는 것을 얻기 위함이었다. 그 신들을 사랑하고 함께 있고 싶은 마음에서 그런 것이 아니다. 무당이 굿을 하는 것도 마찬가지 원리가 작용한다.

이슬람 테러주의자들이 자살 특공대를 훈련할 때, 훈련 교과목으로 반드시 가르치는 것 중 하나가 신을 위해 죽은 후에 주어지는 보상에 관한 것이다. 주로 남자들을 위한 보상만이 언급되는데 순교한 남자들은 파라다이스에 가게 되고 그들의 시중을 드는 아리따운 후리(여자 요정)들이 40여 명이나 된다고 가르친다.

티베트 불교도들은 일생에 한 번 티베트 불교의 성지인 라싸로 순례를 떠난다. 이 순례를 위해 오체투지(五體投地)라고 하여, 두 무릎과 두 팔과 머리를 땅에 닿도록 절하며 해발 고도가 3천 미터가 훨씬 넘는 고지대를 간다.

라싸에서 고행을 시작하는 사람은 대략 60킬로미터를 가지만, 중국 내지에 살고 있는 티베트 불교도들은 심지어 3천 킬로미터가 넘는 거리를 오체투지로 순례한다. 따라서 어떤 경우에는 순례를 마치는 데 6개월이라는 긴 기간이 소요되기도 한다. 그렇게 하는 이유는 죄를 씻기 위함이고 또 다음 세상에 올 보상을 준비하는 것이다.

어떻게 보면 거룩한 행위로 보이는 이 모든 것들이 결국 자신에게 돌아올 유익과 보상과 죄책감에서의 자유를 위한 것이다. 자신의 행위로 구원을 사기 위해 신(神)에게 봉사하는 것이다. 성스러워 보이는 이 행위도 결국 하나님의 눈으로 보면 교만의 극치가 된다.

최고의 보상을 바라는 믿음

예수님은 천국에 대해 설명하시면서 포도원의 품꾼 비유를 사용하셨다(마 20장 참조). 포도원 주인이 장에 나가 놀고 있는 품꾼들을 고용하면서 하루 품삯으로 한 데나리온씩을 약속했다. 그날 주인은 여러 차례 나가서 할 일 없이 서 있는 일꾼들이 여전히 있는 것을 보고 그들을 초청하여 포도원에서 일하게 시켰다.

일을 마치고 제일 마지막에 온 사람부터 품삯을 주는데, 한 데나리온의 돈을 주었다. 그것을 보고 제일 처음에 와서 일한 사람들은 자신의 품삯이 더 늘어날 것을 기대했다. 그러나 일한 시간과 상관없이 원래 약속했던 대로 한 데나리온의 품삯을 받게 되자 그들은 주인에게 불평했다. 그러자 주인이 말했다.

"네 것이나 가지고 가라 나중 온 이 사람에게 너와 같이 주는 것이 내 뜻이니라 내 것을 가지고 내 뜻대로 할 것이 아니냐 내가 선하므로 네가 악하게 보느냐"(마 20:14,15).

어디에선가 간증을 읽었는데, 한 학생이 설교 시간에 이 내용을 듣고는 실족해서 "기독교는 불공평한 것을 가르친다"고 분개했다고 한다. 그는 어린 시절부터 교회에 다닌다고 더 나을 것이 없다는 생각으로 교회를 떠났다.

그는 오랜 시간 세상에서 방황하다가 다시 교회 문을 두드리게 되었는데, 어느 날 이 구절을 보고 깨달았다고 한다. 자신은 포도원에 처음부터 와서 일했던 일꾼이 아니라 마지막에 턱걸이로 들어와서 한 데나리온을 받는 은혜를 얻은 사람이라는 것을….

아침부터 포도원에 나와 일했던 품꾼들은 한 데나리온에 급급한 나머지, 자신들이 정말 누릴 수 있었는데 놓쳐버린 것이 있다. 그것은 마음씨 좋고 너그러이 베풀 줄 아는 포도원 주인을 만나 향긋한 포도원에서 일하며 그와 함께 시간을 보내고 서로 알아가는 시간을 가진 것이다. 그것 자체가 가장 값진 포상이었다는 것을 말이다.

> 이후에 여호와의 말씀이 환상 중에 아브람에게 임하여 이르시되 아브람아 두려워하지 말라 나는 네 방패요 너의 지극히 큰 상급이니라
>
> 창 15:1

우리에게 가장 큰 선물은 그분께서 우리에게 주시는 보상이 아니라 그분 자신이다. 그분과 함께했던 그 시간, 그리고 그분을 알아가는 기쁨이야말로 우리에게 가장 큰 보상이자 선물이다.

이 사실을 믿는 것이 진정으로 믿음 있는 자의 태도이다.

믿음으로 사는 삶은 세상 사람들이 상상하는 것처럼 그렇게 빡빡하지
않다. 그 안에 즐거움이 있다. 그 즐거움은 내가 원하는 것을 얻고 내가
원하는 만큼 누리기 때문에 주어지는 것이 아니다. 예수님으로 충만히
채워질 때 우리 안에 주어지는 즐거움이다.

part 04

주님과 같이 걷는 삶에
넘치는 은혜

chapter 09

주님과 같이 걸으면
하나님을 누리는 기쁨을 맛본다

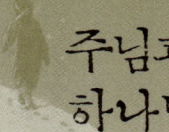

같이 걷는 삶에 나타나는 은혜

지금까지 믿음의 특징에 대해서 몇 가지를 살펴보았다. 우리가 믿음을 가지고 하나님과 같이 걸으며 살아갈 때, 우리의 삶에 나타나는 몇 가지 특징적인 요소들이 있다. 그 요소를 다음 다섯 가지로 요약해서 설명할 수 있다.

첫째, 하나님을 믿고 같이 걷는 사람의 삶 가운데는 끊임없이 솟아나는 기쁨과 감격이 있다.

둘째, 믿음을 가지고 하나님과 동행하는 사람은 자신의 더러워진 발을 씻기 위해 기꺼이 내어놓고자 한다.

셋째, 하나님과 동행하는 사람은 하나님께 열심히 배우고자 하는 태도를 갖는다.

넷째, 하나님과 동행하는 사람의 반응은 하나님의 말씀에 기꺼이 순종하고자 하는 열심 있는 태도이다.

다섯째, 하나님과 같이 걷고자 하는 믿음의 사람은 하나님의 음성에 귀를 기울이고 그분의 뜻을 구하고자 한다.

나는 이제 이 다섯 가지 믿음의 반응에 대하여, 즉 하나님과 같이 걷는 사람들에게 나타나는 태도의 특징에 대해 함께 나누려고 한다. 그중 주님의 음성에 귀를 기울이고 그분의 뜻을 구하는 태도에 대해서는 2부에서 먼저 구체적으로 다루었다.

내면에서 솟아나는 기쁨

하나님과 동행하는 믿음의 삶 가운데 나타나는 첫 번째 모습은 내면에서 솟아나는 기쁨이다. 하나님의 놀라운 아름다움과 지고한 사랑을 경험했을 때 우리 내면에서 표출되는 감정 중 하나가 바로 기쁨이다.

교회의 초청으로 집회를 섬기다 보면, 그 교회의 영적인 상태를 알게 되는 데 그리 오랜 시간이 걸리지 않는다. 먼저 집회에 참석한 교인들의 표정을 보면 알 수 있다. 그 표정에 많은 것들이 담겨 있다. 혹 교회 직분자들에게 엄숙하거나 경건해 보이는 표정만 있고 그 안에 기쁨의 흔적이 없다면, 나는 그들의 신앙생활에 큰 문제가 있다고 짐작한다. 어떤 삶을 살았고 또 어떻게 살고 있는지 얼굴 표정을 통해 대부분 확인되기 때문이다. 어디선가 남편의 영성은 아내의 얼굴을 보고 확인할 수 있다는 글

귀를 읽은 적이 있는데, 정말 그렇다는 생각을 했다.

믿음으로 사는 삶은 세상 사람들이 상상하는 것처럼 그렇게 빡빡하지 않다. 그 안에 즐거움이 있다. 그 즐거움은 내가 원하는 것을 얻고 내가 원하는 만큼 누리기 때문에 주어지는 것이 아니다. 예수님으로 충만히 채워질 때 우리 안에 주어지는 즐거움이다. 또한 주님은 우리와 함께 누리기를 원하시고 우리의 즐거움에서 자신의 즐거움을 찾으신다. 우리가 지금 하고 있는 일을 즐거워하고 아내나 남편, 가족들과 더불어 즐거워한다면, 그것은 하나님의 은혜가 우리 가운데 흐르고 있다는 증거가 되기도 한다.

물론 하나님과 관계를 맺고 동행하는 가운데 아픔과 고통 역시 수반되는 것이 사실이다. 사랑은 때로 고통을 오래 참는 과정과 희생을 요구한다. 그래서 사도 바울은 사랑을 오래 참는 것이라고 설명한다. 따라서 사랑에는 희생의 흔적이 남게 되는데, 놀라운 것은 그 흔적 위에 기쁨이 쌓여간다는 사실이다.

그 기쁨은 내가 원하는 것을 내가 원하는 방식대로 얻었기 때문에 쌓이는 것이 아니다. 하나님께서 우리에게 필요하다고 여기시는 것을 허락하실 때 그것이 우리에게 최선의 것임을, 그분을 믿는 온전한 신뢰 가운데 받아들임으로써 발생하는 기쁨이다. 따라서 믿음과 신뢰가 우리의 기쁨의 근원이 된다.

타일러 베이스에서 생활하며 눈에 띄었던 것 중에 하나는, 다른 국제 예수전도단 베이스에 비해 그곳에 유난히 연세가 지긋하신 60,70대 사역자 분들이 많이 계셨다는 점이다. 평생 믿음으로 하나님과 동행하며 자신의 삶을 하나님께 드린 분들을 접하면서 그 분들이 가진 공통점 하나를 관찰할 수 있었다. 그들이 어린아이와 같은 해맑은 모습을 가지고 있다는 것이다. 얼굴 표정에서 인자함과 부드러움이 묻어 나왔고, 내면으로부터 넘치는 기쁨과 하나님을 향한 열정이 느껴졌다.

희락의 하나님

우리는 자칫 신앙에서 감정의 요소를 가볍게 생각하려는 경향이 있다. 서구 신학의 영향으로 우리는 감정은 신뢰하기 어려운 것이며 감정 상태보다는 무엇을 믿는가 하는 믿음의 내용이 중요하다는 식으로 교육을 받아왔다.

그러나 실제로 우리의 감정은, 우리가 가진 믿음이 온전한 것인지를 증거해주는 중요한 척도가 된다. 성경을 보면 많은 내용이 감정과 관련된 부분을 다루고 있다. 감정을 제거해버린다면 우리는 많은 것들을 잃어버릴 수밖에 없다.

하나님께서 가지고 계신 중요한 감정 중 하나가 '희락'이다. 하나님은 자신의 희락을 우리에게 선물로 나누어주시기를 간절히 원하신다. 따라서 그분과의 영적인 연합을 이룬 사람들에게서 발견할 수 있는 감정적 반응 역시 희락이다.

사도 바울은 하나님나라에 대해 말하기를 "오직 성령 안에 있는 의와 평강과 희락이라"(롬 14:17)라고 설명한다. 예수님이 공생애 기간 동안 핵심적으로 가르치신 하나님의 나라는 성령 안에서 누리는 평강과 희락이며, 이것은 모두 우리의 감정 상태를 말한다.

최근에 미국 생활을 정리하고 몽골국제대학교로 오신 교수님이 한 분 계신데, 그 분의 이야기이다.

그 분에게는 하나님을 믿게 되면서 어느 순간부터인가 선교에 대한 마음의 부담이 있었다. 그 부담은 몽골국제대학교에 대해 알게 되면서 더욱 커졌다. 그러나 자녀를 대학에 보낼 때까지는 보류하고 싶은 마음도 있었다고 한다. 두 마음 사이에서 갈등하며 몽골국제대학교에 지원할 것인지 여부를 놓고 기도했다. 그때 하나님께서는 그 분의 마음에 이렇게 말씀해주셨다고 한다.

"네가 선교지로 가도 너를 사랑하고, 네가 선교하러 가지 않아도 여전히 너를 사랑한다."

자신을 향한 주님의 사랑 가운데서 자유케 하시는 말씀을 듣고 나니 그 분은 오히려 더 편하고 기쁘게 몽골국제대학교에 지원하고자 뜻을 정하게 되었다고 한다. 하나님은 강제적인 조종이나 위협 또는 압력으로는 우리의 마음을 얻을 수 없다는 것을 잘 아신다. 오직 하나님께서 우리를 조건 없이 그저 받아들여주실 때, 그때 우리는 더욱 그분을 사랑하고 그분 섬기기를 기뻐하게 된다.

부담감과 의무감만으로 하나님과 같이 걷는 그 길을 가는 것은 불가능하다. 성령께서 우리 안에 임하실 때 생겨나는 '기쁨 충만한 거룩'을 통해서만 하나님과 같이 걷는 삶이 가능하다. 이 기쁨 충만한 거룩은 우리의 행실로 만들어지지 않는다. 우리는 오직 성령 안에 있는 의(義)와 평강과 희락을 누리며 하나님과 같이 걸어갈 수 있다.

그 교수님은 몽골에 와서 보니, 몽골을 향한 더 큰 사랑과 기대감이 싹튼다고 고백했다. 하나님과의 관계에서도 처음에는 그분을 마음으로 받아들이는 결단이 필요하다. 이것이 믿음이다. 그 다음에는 그 믿음의 반응에 대한 결과로 하나님께서 부어주시는 기쁨과 성령 충만의 은혜와 사랑의 감정이 부어진다.

하나님께서는 이렇게 말씀하신다.

오호라 너희 모든 목마른 자들아 물로 나아오라 돈 없는 자도 오라 너희는 와서 사 먹되 돈 없이, 값없이 와서 포도주와 젖을 사라 사 55:1

하나님께서는 돈 없이, 값없이 나아오라고 하시면서 동시에 포도주와 젖을 사라고 말씀하신다. 돈 대신 지불할 것이 있다는 말씀인데, 그것이 믿음이다. 믿음을 가지고 하나님의 은혜인 포도주와 젖을 마시는 기쁨을 누리는 것이다.

사랑의 기쁨을 되찾아라

사도 요한의 환상 가운데서 예수님이 에베소교회를 향하여 "너를 책망할 것이 있나니 너의 처음 사랑을 버렸느니라"(계 2:4)라고 말씀하신 것도 같은 맥락에서 이해할 수 있다.

아무리 많은 업적을 이루었어도 첫사랑을 잃어버리는 것은 책망 받을 일이 된다. 일꾼과 연인은 일하는 목적과 방식이 다르다. 일꾼은 주인으로부터 자신이 한 일에 대한 보상을 충분히 받지 못하면 지치고 좌절한다. 그러나 사랑하는 이를 위해 일하는 경우는 연인과의 사랑 그 자체가 자신의 섬김에 대한 보상이 된다. 늦은 밤, 일을 마치고 아무리 지치고 피곤한 몸이 되었더라도 연인을 향해 가는 발걸음은 가볍다. 사랑하는 이를 위한 일은 노동이 아니라 기쁨이 된다.

큰아들 동연이가 초등학교 저학년 때 나와의 관계에 어려움을 느낀 적이 있다. 언제부터인가 동연이가 나와 거리를 두려고 하고 내 눈치를 많이 보는 것이다. 나에게 부탁할 일이 있을 때도 직접 말하지 않고 엄마를 통해서 전하려고 했다. 나도 아이와의 관계에 생긴 긴장감을 느끼고 그것을 풀어보려고 시도했으나 쉽지 않았다.

그러던 중 중국으로 사역을 갔다가 마침 성령의 은사가 충만한 한 선교사님과 기도를 하게 되었다. 그 분은 기도 중에, 우리 가정에 상처 입고 약한 지체가 있는데 주님이 그를 긍휼히 여기시며 위로하기 원하신다는 말씀을 해주셨다. 나는 즉각 그것이 동연이에 대한 말씀임을 직감했다.

집으로 돌아와서 아내와 상의하고 또 기도하던 중에 동연이가 나로 인해 힘들었을 만한 한 가지 사건이 떠올랐다. 몇 달 전에 아이가 학교에서 불성실하게 행동했던 것을 호되게 야단친 적이 있었다. 문 밖으로 내쳐서 거기서 몇 분간 있게 했다. 그 일이 유달리 마음이 여리고 섬세한 아이의 마음에 어려움을 주었던 것 같다.

그때 야단을 맞은 이후로 아이는 앞으로도 자기가 잘못하면 아빠는 언제든지 자기를 쫓아낼 수 있다고 느낀 것이다. 아이가 그래서 아빠인 나를 무서워하고 눈치를 보게 되었다는 것을 깨닫고 나는 한참을 하나님 앞에 엎드렸다.

아이가 곧잘 아빠를 오해할 수 있다는 사실을 나는 종종 지나치고 있었다. 어떻게 해야 할지를 놓고 기도하던 중에 아이에게 사과해야겠다는 생각을 했다.

나는 토요일 오전, 곤히 자고 있는 아이를 조용히 품에 안았다. 아이가 깨자 나는 아이를 안고 그 당시 아빠가 혼냈던 상황을 기억하는지 아이에게 물었다. 그리고 역시 아이가 그 문제에 어려움을 느끼고 있었다는 것을 확인했다. 그런데 문제는 아이가 혼난 이유에 대해서는 기억하지 못한다는 점이었다. 나는 아이에게 그때 혼을 냈던 이유를 다시 찬찬히 설명해주고 그 다음에 용서를 구했다.

"동연아, 아빠가 정말로 너를 쫓아내려고 했던 것이 아니야. 그날 밖에 있으면서 많이 무서웠지? 네가 그렇게 마음속으로 힘들어할 줄은 아빠도 미처 생각하지 못했단다. 미안하구나. 아빠를 용서해줄 수 있겠니? 아빠가 다시는 그런 방법으로 동연이를 혼내지 않을게."

동연이는 내게 이제 그 일을 잊을 테니 다시 그 이야기를 하지 않아도 된다고 말했다. 아이의 표정이 무척 밝아진 것을 느낄 수 있었다.

그저 아빠가 보고 싶어서요

이틀 후 학교에서 일찍 돌아온 나는 컴퓨터 앞에 앉아서 글쓰기 작업에 몰두해 있었다. 그런데 동연이가 내게 다가와서 내 무릎 위에 턱을 괴고 물끄러미 내 얼굴을 바라보는 것이 아닌가. 최근 들어서 전혀 볼 수 없었던 아이의 행동인지라 나는 의아해하면서 아이에게 물었다.

"동연이 너, 아빠에게 뭔가 부탁할 것이 있는가보구나?"

그러자 아이가 정색을 하며 대답했다.

"아빠, 뭐 부탁할 것이 있어서 이러는 게 아니에요. 그저 아빠가 보고 싶어서 왔을 뿐이에요."

그 말이 내게 조용한 감동과 행복감을 주었다. 나는 아이를 안고 침대로 올라가서 같이 뒹굴었다.

며칠 후 학교 사역으로 어렵고 힘든 일이 있어서 내내 마음이 무거웠다. 학교에서 교직원 예배 때 기도하는 시간이 있었는데, 기도의 줄기가 영 잡히지 않는 것이다.

그때 문득 동연이의 말이 떠올랐다. 나는 즉시 바닥에 내려 앉아 모로 누웠다. 그리고 하나님께 고백했다.

"아빠! 아빠가 보고 싶어서 왔어요. 다른 부탁할 것이 있는 게 아니고요, 그저 아빠가 필요해요. 아빠가 그리워요."

그때 하나님께서 나를 안으셨다는 느낌을 받았다. 그리고 한동안 주님 품에 안겨 평안과 쉼을 누렸다.

그렇다. 우리가 힘든 이유는 문제가 커서가 아니다. 하나님을 누리는 기쁨을 잃어버렸기 때문이다. 문제 가운데 눌려 있는 우리에게 정작 필요한 것은 문제의 해결이라기보다는 하나님을 알아가고 만나는 기쁨을 회복하는 것이다.

chapter 10

죄 씻음을 허락하시는
하나님의 긍휼이 내게 임한다

더러워진 발을 내놓으라

하나님과 동행하는 사람, 즉 믿음을 가진 사람은 내 발의 더러움을 기꺼이 주님 앞에 내어놓는다. 더러워진 발을 감춘 채 쉬쉬하며 덮어두는 것이 아니라 그분 앞에 더러워진 발을 기꺼이 내보이며 씻음을 받고자 하는 태도를 보이는 것이다.

믿음으로 우리는 의롭다 하심을 얻었다. 예수님의 십자가 보혈을 믿는 믿음은 우리를 죄에서 자유케 한다.

그러므로 우리가 믿음으로 의롭다 하심을 받았으니 롬 5:1

> 또 모세의 율법으로 너희가 의롭다 하심을 얻지 못하던 모든 일에도
> 이 사람을 힘입어 믿는 자마다 의롭다 하심을 얻는 이것이라 행 13:39

그러나 우리가 믿음으로 죄 사함을 받기는 하지만, 그 즉시로 우리의 삶의 모습 자체가 거룩한 모습으로 변화하는 것은 아니다. 성령님과 동행하는 과정에서 과거의 삶의 모습이 하나씩 하나씩 빛 가운데 드러나게 된다.

성령님은 우리의 거룩하지 못한 모습을 일시에 드러내시지 않는다. 영적으로 성장하면서 우리는 조금씩 우리의 옛 모습이 가진 문제점을 자각하게 되고 변화를 입고자 갈망하게 된다. 그래서 우리에게는 성령님의 빛 가운데 변화되지 않은 나의 옛 모습을 내어놓고 그것을 해결 받는 과정이 필요하다.

또 우리가 육신을 입고 사는 동안에는 끊임없이 죄의 유혹이 침투해 들어와 우리 속에서 자리를 차지하려고 한다. 눈으로, 생각으로 죄악 된 것들이 끊임없이 들어온다. 그럴 때마다 우리는 재빨리 예수님께 내 발의 더러움을 내어 보이고 씻음을 받을 필요가 있다.

사도 바울은 "믿음을 따라 하지 아니하는 것은 다 죄니라"(롬 14:23)라고 말했다. 오직 믿음을 따라 행하는 것만이 의(義)가 되고, 믿음으로 행하지 않는 것은 모두 죄가 된다는 말씀이다. 따라서 믿음으로 하나님과 같이 걸어가지 않는 삶은 죄가 된다. 하나님을 생각하지 않고, 결정 과정에서 하나님께 묻지 않고 무언가를 하는 것도 죄가 된다. 그렇게 계속 나

가다보면 하나님과의 관계가 소원해진다. 하나님과 함께 걸으려 하지 않는 것이 죄다.

내 마음의 중심을 살펴라

내가 외부에서 집회를 자주 인도하다보니 선물을 받는 경우가 종종 있는데, 나는 보통 그것을 학교로 가져와서 재정에 어려움을 겪는 동료 사역자들과 나누곤 했다.

어느 날엔가, 그날도 내게 들어온 선물을 추려서 다른 분들에게 전해주고 있었다. 마침 아내가 내 사무실에 있을 때 한 사역자에게 선물을 건넸는데, 그 모습을 보고 아내가 나의 태도에 대해 한마디 했다. 아내는 그 무렵 기도하는 가운데 하나님께서 우리가 더 겸손하기 원하신다는 마음을 받아 우리의 언행에 혹 겸손하지 않은 부분은 없는지 살펴보고 간간히 조언을 해주고 있었다.

순간 뜨끔한 생각이 들어 그 선물을 전달할 때의 나의 마음 자세에 대해 돌아보았다. 나는 물질을 나누는 나의 모습에 숨어 있는 은밀한 자부심을 보았다. 내가 전달한 선물에 동역자를 사랑하는 마음을 담은 것이 아니라 나의 의(義)가 실렸음을 깨달은 것이다. 결국 내 행위가 아니라 내 마음의 중심이 문제의 핵심임을 경험했다.

배가 여러 해 동안 바다를 항해하다보면 굴이나 조개껍데기 같은 것들이 배 밑바닥에 달라붙어서 배의 속도가 느려지고 연료 소모도 늘게 된다. 그래서 몇 년에 한 번씩은 배 밑창을 드러내고 배 바닥에 달라붙은 이물질들을 제거해야 한다. 시간도 오래 걸리고 힘이 든다고 해서 이 과정을 생략한다면 배를 오래 쓸 수 없다.

나의 경우에도 하나님과 좀 더 가까이 교제할 수 있게 된 중요한 이유 중 하나가 있다. 이것이 아니다 싶을 때 그 즉시 하나님 앞에 무릎을 꿇도록 훈련 받은 것이다. 내 안에 나쁜 생각이 스치고 지나가거나 실수했다고 느끼는 즉시 바로 "주님, 용서해주세요" 하며 무릎을 꿇는 것이다. 이것이 내게 큰 영적 유익을 가져다주었다.

다윗과 사울의 차이가 바로 여기서 갈렸다. 사울은 하나님 앞에 잘못을 저질렀을 때 변명했다. 그리고 그로 인한 결과로부터 자신을 보호하려 했다. 그러나 다윗은 자신의 잘못을 지적받았을 때 즉각 회개하는 태도를 보였다. 이 차이가 두 사람의 삶에 전혀 다른 결과를 가져왔다. 다윗은 계속 쓰임 받았고, 사울은 끝내 버림 받았다.

영적 우월감의 죄를 씻다

회개와 관련하여 최근에 한 가지 경험한 것이 있다. 타일러 베이스에 머무는 동안 관심을 끄는 강의를 몇 가지 청강했는데, 한번은 젊은 여자 강사분이 와서 성령에 대해 강의했다. 나는 배우고자 하는 학생의 태도가 아니라 그 주제에 대해 강사가 어떤 식으로 접근하는지를 관찰하는 태도로 자리에 앉아 있었다. 나도 강의를 진행할 수 있을 만큼 익숙한 주제라고 생각했기 때문이다. 또한 그 자리에 앉아 있는 학생들은 대부분 고등학교를 갓 졸업한 젊은 친구들이었기 때문에 나는 그들과는 다른 관점으로 강의를 대하는 것이 당연하다고 여겼다.

첫 시간에는 성령님이 주시는 기쁨에 대해서 설명했다. 그런 다음 실제로 그 기쁨을 누리도록 실습하는 시간을 갖자고 제안했다. 미국식 교육의 장점 중 하나가 실용주의적인 사고방식에 따라 교실에서 배운 것을 실제로 경험하고 적용하는 시간을 갖는다는 것이다. 심지어 영적인 영역에 속하는 강의에서도 이런 시도를 한다는 것이 내게는 새롭게 느껴졌다.

강사는 몇 사람을 앞자리로 나오도록 했고 그 지체들을 위해서 기도해주었다. 그런데 잠시 후 그 친구들이 갑자기 웃음을 터뜨리기 시작했다. 한참 웃던 이들이 다른 친구들의 몸에 손을 대고 기도해주기 시작했다. 그러자 또 그 친구들까지 웃기 시작했고 웃음이 교실 전체로 퍼져 나갔다.

그러는 가운데 '이게 도대체 무슨 상황이지?' 하며 얼굴이 굳어 긴장하거나 당황하는 그룹이 생겼다. 바로 한국 사람들이었다. 또 다른 한 명은 중국인이지만 한국 선교사로부터 신앙 훈련을 받은 학생이었다. 그는 이 상황 자체가 경건하지 못하다고 느끼는 한편 이 상황에 동참하고자 하는 마음도 들었지만 몸이 굳어 어떻게 해야 할지 혼란스러워하는 모습이었다. 나 역시 별다른 느낌이나 반응이 오지 않았다.

주위를 살펴보니 문화적인 차이가 반응의 차이로 이어지는 양상이 나타나는 것 같았다. 주로 남미나 아프리카 출신의 지체들이 적극적이고 강한 웃음의 반응을 보였다. 심지어 몇몇은 데굴데굴 구르며 웃기도 했다. 반면에 은혜를 받으면 주로 우는 경향을 보이는 한국 사람들은 어찌

할 줄 몰라 당황하고 있었다. 나 역시 바닥을 구르며 웃고 있는 이들을 보면서 '이들은 우리와 참 많이 다르구나' 하는 생각을 했다.

웃으면서 친구들을 위해 기도해주는 학생들을 보니 부럽기도 해서 나도 그중 한 사람에게 기도를 받으면 좋겠다고 생각했다. 하지만 동시에 멈칫멈칫하는 내 모습도 보았다. 이제 고등학교를 갓 졸업한 십 대 후반이거나 이십 대 초반의 어린 친구들로부터 기도를 받는다는 것이 어쩐지 마음에 내키지 않았던 것이다. 겨우 내 옆을 지나가는 한 친구에게 기도를 요청했지만, 내 안에 부분적으로 굳은 마음이 있어서일까 특별한 마음의 감동이나 변화가 일어나지는 않았다.

강의가 끝난 후 저녁 시간에 이들이 식당에서 베이스의 다른 사람들을 위해 기도해줄 때에도 역시 웃음이 터졌다. 곳곳에서 기쁨과 감격이 터져 나오는 것을 목도했다.

다음 날에는 성령님의 책망에 대해 다루었다. 성령님은 양심의 가책을 통해서 우리의 죄를 지적하시고 마음을 찔러 회개로 인도하신다는 내용이었다. 그리고 다시 그것을 실제로 경험해보는 자리가 마련되었다. 나는 강의가 어느 정도 진행된 중간에 강의실에 들어와서 또 관찰하는 태도를 견지하며 앉아 있었다. 강사는 기도를 마친 다음에 무언가 하나님께서 마음을 찌르시는 것을 느낀다면 나와서 나누고 고백하라고 도전하였다.

하나둘씩 학생들이 앞으로 나와서 고백하기 시작했다. 특별히 공동생활을 하는 데서 발생하는 관계의 어려움이나 미움, 판단하는 마음이나 교만 등을 고백했다. 자리에 앉아 있던 사람들은 앞에 나와 고백하는 사람들을 위해 계속 중보해주었다.

그때 나도 성령께서 내 마음 깊숙한 곳의 어느 부분을 건드리시는 것을 느꼈다. 그것은 내가 가지고 있는 영적 우월감에 대한 부분이었다. 순간적으로 나는 내 안에 고백해야 할 죄가 있다고 느꼈다.

그동안 수업을 같이 듣는 친구들이 다 젊고 어리다고 생각했기 때문에, 나는 내가 이들로부터 기도를 받아야 할 입장이 아니라 뭔가를 나누어줄 위치에 있는 사람이라고 생각했다. 나는 내가 그들보다 하나님의 영광도 더 많이 경험했고, 하나님의 사역도 더 많이 체험했기 때문에, 그들로부터 무언가를 받을 것을 기대하지도 또 기꺼워하지도 않았다.

하나님께서는 그런 태도가 교만이라는 것을 가르쳐주셨다. 강의 시간에도 배우려는 태도가 아니라 분석하는 입장에서 앉아 있었던 것 역시 하나님에 대해 기대하는 마음이 없는 교만이었음을 깨달았다. 나는 앞으로 나가서 말했다.

"제가 고백할 것이 있습니다. 제 안에 자부심이 있었습니다. 저는 여러분보다 제가 영적으로 더 우월하다고 생각했습니다."

그 고백을 하는 순간 눈물이 쏟아졌다. 어린아이처럼 '엉엉엉' 하는 울음소리가 계속 터져 나왔다. 그런데 갑자기 강사분이 마이크를 달라고 하더니 자신도 고백하기 시작했다.

"저도 회개할 것이 있습니다. 제가 믿음에 대해 가르치면서도 사실 저에게는 그 믿음이 없었습니다. 하나님이 하실 일에 대해 기대하지 않았습니다."

그 강사도 눈물을 흘렸다.

계속해서 다른 자매 한 명이 앞으로 나와 마이크를 잡았다. 그녀는 어렵게 말을 꺼냈다.

"내 안에 성적인 욕망이 있습니다. 나는 성적으로 타락한 생각들을 하며 무너지고 있었습니다."

그러면서 구체적인 예를 들면서 고백했다. 그러자 여기저기서 비명 소리가 들렸고 몇몇 아이들이 통곡을 하기 시작했다. 이것은 단지 몇 사람의 말로 된 일이 아니었다. 성령께서 그 마음에 통회함을 불어넣으셨기 때문에 가능한 일이었다.

나는 한국 교회 안의 많은 청년들도 이 부분에 대해서 동일하게 회개해야 한다고 생각한다. 생각으로 짓는 죄, 눈으로 짓는 죄, 몸으로 짓는 죄에 대해서 우리는 충분히 회개하지 않고 있다. 예수님은 정결하지 않은 생각을 하는 것 자체도 죄가 된다고 말씀하신다. 우리가 예수님을 따르려면 예수님의 관점에서 우리의 죄를 볼 수 있어야 한다.

성령의 인도하심을 받는 삶에는 반드시 죄에 대한 지적이 있다. 죄에 대한 지적을 받고 있지 않거나 죄에 대한 지적에 둔감하다면 실은 믿음의 삶, 즉 하나님과 동행하는 삶을 살고 있지 않은 것이다.

회개란 우리의 사고방식을 하나님의 사고방식으로 변화시키는 것이다. 우리의 내면 깊은 곳에 남아 있는 우리의 고집과 자기 스스로 결정의 주체가 되고자 하는 교만은 하나님의 섬세한 지적으로 빛 가운데 드러나게 된다. 하나님을 더욱 사랑하려고 애쓰면서 예전에는 죄라고 느껴지지 않던 부분들이 죄라는 것을 깨닫게 되는 경험을 해보았을 것이다. 하나님께서 그 부분을 드러내실 때 우리가 순종하기만 한다면 우리는 한 걸음 더 하나님 앞으로 나아가 변화를 받을 수 있다.

그대로 받아주시는 은혜

언젠가 나와 같이 몽골국제대학교를 섬기는 이송용이라는 젊은 교수가 갑자기 나를 찾아왔다. 가족을 데리고 기숙사에 들어가는 문제에 대해 상의하기 위해서였다.

당시 기숙사는 난방에 문제가 있고 시설 자체가 여러 가지 면에서 열악했다. 많은 돈을 들여 시설을 고쳐나가고 있었지만 여전히 문제가 많았다. 늘 경험하는 일이지만 몽골의 기술자나 시설 관리자들이 이런 부분을 처리하는 방식과 속도에 문제가 많았다.

이 교수는 기숙사 문제를 지켜보면서 자신이 가족과 함께 그곳에 들어가 학생들과 지내면서 동일한 환경적 어려움을 직접 겪으며 문제를 조금씩 해결해나가는 것이 훨씬 빠르겠다는 생각을 하게 되었다. 하지만 나는 그 가정의 어린아이들이 걱정스러웠다. 그래서 이제 만 세 살 된 어린 자녀와 태어난 지 6개월도 되지 않은 갓난아기는 어떡하고 가족과 함께 그 열악한 시설로 들어가려고 하느냐고 야단을 쳤다.

이 가정은 두 아이를 다 몽골에서 낳았는데, 산모가 출산하면서 출혈이 심해 이미 여러 차례 어려움을 겪은 터였다. 자신이 옳다고 생각하는 일 앞에서 자신을 돌보지 않는 점에 대해 나는 적이 염려하고 있었다. 나는 허락할 수 없으니 다시 생각해보라고 말하고 집으로 돌아가기 위해 차를 타려고 했다. 그런데 이 교수가 어느새 내 차까지 따라왔다.

"한 번만 더 생각해주세요. 실은 기도하는데 하나님께서 저희 가정에 주신 부담입니다."

하나님께서 주신 부담이라는 말에 나는 할 말이 없었다.

"그럼 알아서 해요. 난 모르겠네."

며칠 후 그 교수님이 학교 학생 예배에서 간증을 했다. 그는 나와 만난 다음 날 기숙사로 가서 시설과 환경을 꼼꼼히 살피면서 어떤 부분을 어떻게 고치면 좋을지를 체크하고 있었다. 한 시간 이상 기숙사를 돌아보니 고칠 곳이 너무 많아 망연자실해 있는데, 하나님께서 그에게 이렇게 물으셨다고 한다.

"얘야, 이 기숙사를 있는 그대로 받아주지 않겠니?"

하나님께서 이렇게 질문하시자 그는 이곳에 있는 무언가를 고치려고 하고 고칠 곳들을 살펴보기 전에, 자신이 이곳을 있는 그대로, 지금의 상황을 그대로 받아들이는 것이 먼저라는 사실을 깨달았다. 그때 비로소 자신이 기숙사 환경에 대해 가지고 있던 태도를 점검해볼 수 있었다고 한다.

그는 열악한 환경을 있는 그대로 인정하고 받아들일 뿐만 아니라 그 환경 속에서도 편안하도록 자신이 바뀌는 것이 먼저였다고 고백했다. 하나님께서도 우리를 있는 모습 그대로 받아주셨다. 여기에 놀라운 비밀이 있다. 우리는 하나님께서 우리를 받아주셨기 때문에 변화될 수 있었다.

회개의 영향력

우리의 변화와 회개는 반드시 주변에 영향을 미친다. 그리고 그 영향력을 통해 그리스도의 십자가가 전해진다.

내가 출장을 다녀오고 나서, 하루는 아내가 몽골국제대학교 주일 오후 영어 예배에서 있었던 일을 전해주었다. 그날 예배 때 간증 시간이 있었는데, 윌리엄이라는 중국 학생이 앞으로 나가 자신의 이야기를 나누었다고 한다.

윌리엄은 몽골로 유학을 와서 충격을 받은 사실이 있었다. 그는 몽골에 오기 전까지 중국 사람들이 외국에 나가면 존중받고 인정받을 것을 기대하는 마음이 있었다. 그런데 몽골은 전혀 사정이 달랐다. 몽골 사람들이 중국인을 혐오하고 있다는 사실을 알게 된 것이다. 실제로 중국인에 대한 몽골인의 감정은 한국인이 일본인에게 품는 감정보다 훨씬 강하다. 예를 들면 길거리에서 중국어를 쓰다가는 몽골 청년들에게 얻어맞기 십상이고 택시를 탔는데 중국 사람이라는 것을 알면 당장 내리라고 하기도 한다.

윌리엄은 이 문제로 괴로워했고 하루는 하나님께 나아가 깊이 기도했다. 그 후 그는 한 가지 결심을 하고 예배 시간에 앞으로 나왔다.

"중국인들이 몽골에서 미움을 받는 이유는 우리 조상들이 몽골인에게 저지른 나쁜 소행 때문입니다. 저는 어떻게든 그 문제를 회개해야 한다는 것을 깨달았습니다. 그래서 중국인들이 여러분 민족에게 행한 일들에 대해서 제가 먼저 용서를 구해야겠다고 생각했습니다. 우리 민족이 행한 잘못에 대해 제가 여러분께 용서를 구합니다."

그 말과 함께 그는 눈물을 떨어뜨렸다. 그 자리에 앉아 있던 몽골 학생들을 비롯한 여러 외국 학생들 모두가 숙연해졌다. 그리고 몽골과 중국을 위해 함께 기도하는 시간을 가졌다. 자기 민족을 위한 한 학생의 회개가 예배의 분위기를 경건하게 만들었을 뿐만 아니라 학교에서 관계 해결의 실마리까지 찾아주었다. 이것이 회개의 능력이다.

chapter 11

세상에서 가장 뛰어난 하나님의 지혜를 배운다

문제와 과정 중에 만나는 큰 도움

　우리는 우리가 사랑하고 신뢰할 만한 사람의 말이라면, 그의 말에 귀를 기울이고, 그의 생각을 받아들이고, 설령 생각의 차이가 있더라도 기꺼이 기쁨으로 따르며 배우고자 할 것이다. 믿음으로 하나님과 같이 걷는 사람들 역시 마찬가지이다. 하나님과 동행하는 사람은 하나님으로부터 끊임없이 배우고자 하며 그분을 닮아가기 위해 애쓴다. 아울러 그 가르치심에 순종하기를 원한다.

　선교지에서 하나님의 뜻을 구하며 그분을 섬기고자 애쓰면서 계속해서 절감하게 되는 것은, 하나님께서 원하시는 것과 내가 원하는 것 사이에 커다란 괴리가 존재한다는 사실이다. 내가 죄악 가운데서 하나님을 모르고 지냈을 때는 말할 것도 없고, 내가 하나님을 사랑하고 그분의 뜻 가운데 거하려고 노력하고 있을 때에도 하나님의 뜻을 분별하는 일은 여전히 어렵다는 것을 느낀다.

우리가 하나님의 뜻을 파악하지 못하거나 그분과 같이 걸어가지 못하는 이유 중 하나는 그분의 길이 낯설기 때문이다. 그분은 변하지 않는 질서이시며 온유하고 부드러우시지만 여전히 우리의 창조주이시다. 때문에 자신의 뜻이 우리의 뜻과 다른 것에 대해 우리와 논쟁할 생각이 없으시다.

주님의 생각은 때로 타성에 젖고 나름대로 자신의 방식에 익숙한 우리를 당혹스럽게 하고 또 불편하게 만들기도 한다. 그러나 그런 불편함이나 당혹감마저 순종함으로 받을 때 밀려오는 평안이 있다. 이것이 주님이 우리를 인도하시는 일반적인 방법이다.

내가 옳다고 생각하는 원칙을 하나님께서 여지없이 무너뜨리시는 순간도 여러 번 있었다. 물론 크리스천이 성경의 원리에 근거한 원칙을 가지고 사는 것은 매우 중요하다. 하지만 그 원칙이 화석화되면 하나님의 일을 이루는 데 오히려 방해 요소로 작용하는 경우가 비일비재하다.

나도 몽골국제대학교를 섬기면서 하나님 도움 없이 내 방식대로, 혼자 프로그램을 짜고 그것을 실행시키느라 정신없이 일하던 때가 종종 있었다. 결국 그렇게 쌓은 업적은 하나님의 것이 아닌 선교사 개인의 것이 되고, 선교사를 점점 더 하나님과는 상관없는 일로 분주하게 만든다.

그러다가 어려운 고비를 만날 때 비로소 자신의 무능력과 맞닥뜨리게 되고, 그럴 때 나는 무릎을 꿇고 하나님께 온전히 그 문제를 올려드리고자 하는 마음을 갖는다. 그 과정에서 나는 하나님을 경험한다. 그리고 하나님을 과정 가운데 초청하지 않는 것이 죄라는 사실을 고백하게 된다.

캐나다 코스타에 가기까지

2008년 5월 말경에 있었던 일이다. 몽골국제대학교에서 교직원 집회가 있었다. 집회 중에 기도하는데 "캐나다로 가라. 함께 가서 어버이의 마음을 전해라"라는 소리가 들려왔다. 성령님께 사로잡혀 깊이 기도하던 아내가 기도 중에 전한 말이었다. 나는 보통 기도에 집중하게 되면 다른 소리를 듣지 못한다. 그런데 그때는 그 소리가 또렷하게 들렸다.

순간 그 말이 나를 향해 들려주신 것이라는 확신이 들었다. 캐나다라는 말에 나는 다시 당혹스러웠다. 혹시 내가 얼마 전에 가지 못하겠다고 거절한 캐나다 에드먼턴 코스타에 관한 하나님의 사인이 아닌가 싶었기 때문이다.

약 3주 전에 에드먼턴 코스타 강사들에게 보내는 이메일이 나에게도 도착했다. 나는 이메일이 잘못 온 것 같다고 생각했다. 6월 중순부터 7월 초까지 몽골에서의 사역은 무척 바쁘다. 졸업식과 입학 사정 등이 이 기간에 몰려 있다. 더구나 중요한 현안을 가지고 방문하시는 손님들과 단기선교팀 등의 방문으로 정신이 없는 시기이기도 하다. 나는 이 일정들을 모두 뒤로 하고 코스타에 간다면 그것은 직무 유기에 해당한다고 판단했다.

내가 외부 사역을 할 때 적용하는 몇 가지 원칙이 있는데, 그중 첫째가 몽골 사역에 방해가 되지 않는 범위에서 외부 일정을 잡는다는 것이다. 나는 몽골 땅을 향해 부르심을 받은 선교사이기 때문에 가능하면 선교지를 자주 비우지 말고 몽골에서 하는 사역에 집중해야 한다고 생각했다. 그런데 캐나다 코스타에 참석하는 것은 시차 적응으로 인한 체력 소모도 상당하고 시간도 많이 소요되기 때문에 어렵다고 생각했다. 더욱이 잦은 출장으로 허리에 디스크 수핵 탈출증도 생겼을 때라서, 하나님께서 이제는 학교를 지키며 몽골 사역에 집중하라는 사인을 주신다고 생각하던 터였다.

그래서 나는 아내를 통해 주신 캐나다에 관한 말씀은 아마 먼 훗날에 있을 상황을 미리 말씀하신 것이라고 보았다. 실제로 주님이 말씀을 주셨다고 해도 당장 이루어지지 않고 몇 년의 세월을 두고 보아야 그것이 이루어졌다는 것을 알 수 있는 경우도 허다하기 때문이다.

하지만 아내는 기도 중에 계속해서 이렇게 말했다.

"여러 나라로 가라. 여러 나라로…. 가서 나의 마음을 전해라."

여러 나라…. 실은 많은 나라를 다니고 싶은 마음이 있기도 했다. 하지만 나는 일차적으로 몽골로 부르심을 받았다는 책임감 때문에 여러 나라에서 오는 집회 요청을 가급적 줄이며 내가 맡은 책임을 다하고자 했다. 어쩌면 맡겨진 일에 최선을 다한다는 평가를 기대했는지도 모른다.

문득 내 안에 있는 의무감이나 사명감이 주님으로부터 온 것이 아닐 수도 있다는 생각이 들었다. 내가 옳다고 생각하는 사역의 원칙과 주님이 오늘 나에게 원하시는 일이 상충될 수도 있다는 데까지 생각이 이른 것이다.

원칙은 중요하고 또 반드시 필요한 것이지만, 그것이 하나님의 인도하심보다 커서는 곤란하다. 원칙이 하나님의 인도하심보다 앞서게 되면 결국 내가 이룩한 일들은 나의 의(義)만을 쌓는 것일 뿐 하나님의 나라와는 무관해질 수 있기 때문이다.

오늘날 교회의 문제 중 하나도 사역을 위한 원칙과 원리는 넘쳐나는 반면, 오늘 나를 향한 하나님의 구체적인 인도하심에 대해 묻고 그에 순종하는 자세가 사라지고 있다는 것이다.

한편 "나의 마음을 전하라"라는 말이 마음에 남았다. 몇 년 전부터 여러 경로를 통해 하나님께서 내게 주신 말씀이기 때문이다. 내가 이 사명을 위해 주님의 부르심을 받았다는 것에 대한 마음의 부담이 있었다. 그런가 하면 최근 들어 말씀을 전하면서 주님의 마음이 임한다는 확신이 없어서 힘든 시간을 보냈던 것도 생각났다. 남들은 은혜 받았다고 감사의 말을 하는데, 정작 나는 내 안에서 주님의 마음이 온전히 느껴지지 않고, 흘러가지 못한다는 생각에 힘들었다. 그래서 학교 학생이나 교직원 대상이 아닌 외부 집회에서 말씀을 나누는 일을 잠시나마 멀리하고 싶다는 생각도 했다.

나는 캐나다에 가는 문제를 당장 결정할 수는 없다고 생각했다. 그래서 며칠 더 기다리면서 혹 미혹된 부분은 없는지 마음에 확신이 올 때까지 계속 기도해보기로 했다. 일주일 동안 틈틈이 기도하는 가운데 하나님의 생각과 내가 원하는 것 사이의 차이를 보게 되었다.

결국 6월 말에 캐나다에 가는 것은 상황적으로는 어렵지만 주님의 뜻이 분명하고 그곳에서 주님이 하실 일이 있을 것이라는 마음의 확신을 받았다. 단, 어떤 일이 예비되어 있는지 주님은 구체적으로 알려주지 않으셨다. 어쨌든 내가 다 이해하지 못해도 인도하심에 맡기고 가는 것이 믿음이라는 것을 경험적으로 배워서 알고 있었기에 나는 순종하기로 했다.

절묘한 예비하심

일단 코스타 본부 측에 가도 되겠느냐는 메일을 써야 했다. 못 가겠다고 두 번이나 거절해놓고 뒤늦게 이제라도 받아줄 수 있느냐는 편지를 써야 하다니 역시 달갑지 않았다. 어쨌든 감사하게도 본부 측에서 나의 늦은 참석 수락에 대해 '기도 응답'이라며 기뻐해주었다.

문제는 비행기 편을 구하는 것이었다. 여행사에 알아보니 밴쿠버를 경유해서 에드먼턴으로 가야 하는데, 왕복 편 모두 좌석 예약이 꽉 차서 일단 대기자 명단에 이름을 올려놓아야 한다고 했다. 나는 표가 없어서 합법적으로 갈 수 없게 되었다고 은근히 안도했다. 그런데 그날 오후 문득 내가 최선을 다하고 있지 않다는 마음의 부담 때문에, 혹시나 싶어 몽골의 항공사 지사장님께 전화를 걸었다. 결국 그 분 사무실로 가서 예약을 마칠 수 있었다. 내가 사무실을 나서려고 할 때 그 분이 이렇게 말씀했다.

"실은 오늘 전화하지 않으셨으면 제가 도와드리기 어려웠을 겁니다."

이유인즉 그는 다음 날부터 며칠간 바쁜 일정이 있었고, 그 사이 한 주를 넘기고 나면 표 구하는 일을 장담할 수 없었기 때문이라는 것이다. 바쁘지만 그나마 시간이 있을 바로 그 타이밍에 내가 전화를 하고 방문 했다는 것이다. 결국 에드먼턴에 가는 것이 하나님의 뜻이라는 것을 다시 확인한 셈이 되었다.

나는 이 일을 주일 영어 예배 설교 중에 예화로 나누었다. 그러자 나중에 한 자매가 아내에게 말하기를, 그 자매가 교직원 집회 당시 아내의 뒤에서 기도하고 있었는데, 아내가 "캐나다로 가라"고 전하자 "6월에 가라"는 감동을 거의 동시에 받았다고 한다. 그래서 기도하는 아내의 손을 잡으며 "하나님이 6월에 가라고 하시는 것 같아요"라고 말했다는 것이다. 하지만 그때 아내는 기도에 몰입해 있었기 때문에 그 일을 전혀 기억하지 못하고 있었다. 나는 이 자매를 통해서도 캐나다에 가라는 확증을 재차 얻을 수 있었다.

하나님께서는 자주 여러 지체의 기도 응답을 통해서 퍼즐을 맞추어 나가게 하신다. 나 혼자만 받은 응답은 불완전할 수 있다. 그러므로 여러 사람이 함께 기도하는 가운데 전체적인 그림을 보는 것이 중요하다. 하나님은 우리를 인도하실 때 여러 사람의 응답을 통해 일하심으로 우리를 겸손하게 하시고, 연합을 통해서만이 온전함을 이룰 수 있다는 교훈을 주신다.

분명한 것은 내 생각이나 원칙이 주님의 인도하심과 항상 같은 것은 아니라는 사실이다. 더 겸손히 주님의 뜻을 구하고 그 뜻 가운데 거하기를 소망해야 한다. 주님의 뜻 안에 거하기 위해서는 주변의 시선이나 판단에 대해서도 자유로울 수 있어야 한다.

날마다 영점 조정하라

우리는 날마다 내가 옳다고 믿는 것을 내려놓고 오늘 나를 향해 품으신 하나님의 계획에 맞추어 가야 한다. 마치 어제 기타 줄을 조율했더라도, 오늘 다시 기타 연주를 하기 전에 줄을 조율해야 하는 것과 마찬가지이다.

사격을 하기 전에는 항상 영점 조정을 해야 한다. 특히 총을 쏘는 사람이 달라지면 반드시 새롭게 총의 영점을 조정해야 한다. 오늘 나를 향한 하나님의 인도하심은 어제의 그것과 다를 뿐만 아니라 전혀 새로울 수 있다. 물론 하나님께서는 변치 않으시며, 그분의 말씀 또한 영구불변하다. 그러나 그 말씀과 계획을 받고 적용하는 자신의 구체적인 상황이 바뀔 경우 적용점과 강조점이 달라질 수 있다.

삼위일체 하나님은 한 분이시지만, 그분이 지체로 부르신 우리 한 사람 한 사람은 너무나 다양한 존재들이다. 이 존재들이 하나로 묶여 다양성 가운데서 연합을 이루어 함께 걸어가는 것이 하나님나라의 비밀이다. 그러기 위해서는 하나님의 '절대음'에 맞추어 '나의 원칙'이라는 기타 줄이 날마다 새롭게 조율되어야 하는 것이다.

율법 학자들은 하나님의 뜻을 율법이라는 틀로 화석화했다. 따라서 그들의 눈에는 예수님의 행위가 이단(異端)처럼 보였다. 안식일에 사람을 고치고 성전의 신성함을 무시하는 듯한 말씀을 하시는 예수님은 그들의 눈에 하나님을 대적하는 것처럼 보였던 것이다. 자칫하면 열심 있는 크리스천들이 이런 함정에 빠질 수 있다.

특별히 한국 교회는 유교적 열심의 바탕 위에 세워졌기 때문에 원칙과 윤리성을 강조하는 측면이 강하다. 그래서 교리 논쟁이나 정통성 주장이 하나님의 뜻을 구하는 유연성보다 더 강조되곤 했다. 밖으로 드러나는 것이 중요하다고 보았고, 원칙을 고수하는 것이 의(義)라 여겨졌다. 이러한 성향은 강점도 있지만, 그만큼 약점으로 작용할 여지도 많다.

하나님의 뜻은 때로 우리가 세워놓은 윤리 기준과 충돌하는 것처럼 보일 때가 있다. 한 예로 하나님께서 아브라함에게 아들 이삭을 죽이라고 명령하신 것은 인륜을 저버린 절대 받아들일 수 없는 명령이었다. 게다가 아브라함의 아들 이삭이 어떤 존재인가? 평생 하나님과 동행하며 순종한 아브라함에게 주신 하나님의 신실하신 언약의 증표가 아닌가.

이삭은 아브라함에게 주신 사명의 결정체이기도 했다. 아브라함은 하나님이 후사(後嗣)로 주신 이삭을 잘 키우는 것이 사명을 이루는 일이라고 보았을 텐데, 어느 날 하나님께서 그 아들을 죽여 제물로 바치라고 하시는 것이다.

이것은 아브라함 평생의 사명과 열심, 소망과 자신이 옳다고 생각하는 기준, 이 모든 것들을 하나님의 뜻에 순복시킬 수 있느냐 하는 시험이었다.

우리보다 더 일을 잘하시는 하나님

최근에 사람들이 내게 어떤 비전과 소망이 있느냐고 물을 때마다 나는 이렇게 대답하곤 한다.

"그저 제가 하나님의 방해꾼이 되지 않으면 좋겠습니다."

지난 7년간의 사역을 돌아보니 선교 사역에 있어서 가장 큰 방해꾼은 다름 아닌 생각이 바뀌지 않는 나 자신임을 알게 되었다. 내 영향력이 커지면 커질수록, 내 사역의 영역이 넓어지면 넓어질수록 나는 하나님의 방해꾼이 될 가능성이 점점 더 커짐을 보게 된다.

처음 선교지로 갈 때만 해도 '그래도 내가 쓰임 받을 데가 좀 있으니까 하나님이 나를 선교지로 보내시는구나'라고 생각했다. 그런데 어느덧 선교지에서 철이 들고 보니 내가 쓰임 받을 구석이 있는 것을 보시고 하나님이 나를 선교지로 부르신 것이 아님을 깨달았다.

"얘, 내가 하는 놀라운 일들을 함께 보지 않겠니? 이 일 가운데 내가 너를 껴주고 싶은데…."

하나님께서 이런 마음으로 나를 부르셨다는 것을 뒤늦게 알게 되었다. 우리는 하나님이 우리를 쓰겠다고 하실 때 우리가 불편함을 느끼는 경우가 있었다. 그렇지만 우리는 이 점을 잘 알아두어야 한다. 하나님께서 우리를 사용하시는 것이 얼마나 불편하신지에 대한 것이다. 하나님은 혼자서 일을 더 잘하실 수 있는 분이다.

하나님께서 우리의 도움 없이 얼마나 일을 잘하실 수 있는가에 대한 몇 가지 예가 있다. 1945년, 중국이 공산화되면서 중국 정부가 우선적으로 시행한 정책이 서구의 기독교 선교사들을 추방하는 것이었다. 그들은 그렇게 하면 중국 땅에서 교회가 발을 붙이지 못할 것이라고 믿었다. 선교사들 역시 배를 타고 중국을 떠나면서 이제 중국 교회는 종언을 고하게 되었다고 탄식했다.

그러나 하나님께서는 선교사들이 떠나간 자리에 그들의 도움 없이 중국 교회의 신앙을 유지시키셨을 뿐 아니라 더 단단하게 하셨다. 1945년 당시 통계상 50만 명이었던 기독교 인구는 반세기 만에 2천 5백만 명에 이르는 숫자로 성장했다. 다소 부풀려진 것으로 보이기는 하지만 어떤 통계 자료에서는 현재 중국의 기독교 인구를 1억 명으로 추산하기도 한다.

또 다른 예로 하나님께서는 선교사들의 도움 없이 이란에 약 10만 명에 달할 것으로 추산되는 지하교회 교인들을 불러 모으셨다. 이란 지역은 선교사가 사역하기에 가장 어려운 지역 중 하나로 알려져 있다. 선교사들이 일 년에 한두 명의 신자를 얻는 것조차 어려운 상황에서 하나님께서는 꿈을 비롯한 여러 놀라운 방법으로 그분이 택하신 무슬림들을 그리스도께로 돌이키시는 것이 보고되고 있다.

또한 다수의 무슬림들이 위성 방송을 통해서 이란어 기독교 방송을 접하며 기독교 신앙을 받아들이고 있으며 예수의 이름으로 기도하는 가운데 병이 치유되거나 기적을 체험하는 경우도 있다고 한다. 하나님께서는 돌들을 들어서라도 외치게 하실 수 있는 분이다.

나와 생각이 다른 하나님에 대해서 어떻게 반응하는지를 보면 나와 하나님의 관계를 점검할 수 있다. 우리는 우리가 사랑하고 신뢰하는 사람의 말은 잘 듣는다. 그리고 그의 말대로 행한다.

내가 하나님을 신뢰한다면 하나님의 생각이 나를 지배하도록 나를 내어드릴 수 있다. 그리고 하나님께서 보시기에 옳다고 생각하는 일을 기꺼이 행할 수 있게 된다.

상식을 뛰어넘으시는 하나님

몽골에서 10년 넘게 사역하시다가 캐나다 밴쿠버에 있는 선교센터를 맡아 떠나신 임준호 선교사님이 몽골국제대학교 사역자 예배 때 설교하시면서 이런 체험을 고백했다. 이 분은 미국 뉴욕의 브롱크스에서 한인교회를 개척하여 크게 목회 하시다가 선교사로 부름을 받았다. 필리핀에서 7년간 교회 개척 사역을 했을 뿐 아니라 필리핀의 신학교에서 교회 개척에 관한 강의도 하신 교회 개척 분야의 전문가이다.

임 선교사님이 몽골로 들어와 수도 울란바토르에서 언어 공부를 하던 중 '다르항'이라고 하는 지역에서 소규모 성경공부 그룹을 인도하게 되었다. 예수님을 영접한 지 대략 한 달 정도 된 대여섯 명이 모이는 성경공부 그룹이었다고 한다. 그 전에는 기독교에 대해서 아무것도 모르는 사람들이었다.

임 선교사님은 울란바토르에 머물고 있었고, 우리나라로 따지면 서울에서 부산 정도의 거리만큼 떨어진 다르항에 거주할 수 없었기 때문에 주말마다 7시간에서 8시간을 오가며 말씀을 전하고 돌아오는 일만

반복했다. 그러던 어느 날 성경공부 모임에서 자기들도 교회를 해보고 싶다는 이야기가 나왔다.

그러나 선교사님은 주말에만 다르항에 올 수 있었으므로 전적으로 교회를 맡아 돌볼 수가 없었다. 그래서 이 선교사님은 토요일 오후에 말씀만 가르치고 소그룹 멤버 중에서 리더를 선정하여 그들이 예배를 준비하고 설교도 하면서 교회를 시작하게 했다. 자발적이면서 자립적인 교회 모델을 초기부터 지향한 것이다.

교회 개척 이론 전문가인 이 분이 볼 때 이 모임은 길어봐야 6개월 정도 지나면 없어질 모임이었다. 그동안 경험하고 강의한 교회 개척의 원리로 따져보면 구심점이 없는 이 모임이 교회로 발전하기에는 어려움이 많았다. 선교사는 주말에만 잠시 오고 리더로 선정된 사람들도 기본 훈련조차 안 된 초신자들이었기 때문이다. 그래서 사실 '힘 빼고 가르칠 수 있는 데까지만 가르치다가 끝내면 되겠다'는 생각을 한 적도 있었다고 한다.

그런데 교회 개척 이론 전문가가 보기에는 망할 수밖에 없는 교회 모임이 6개월이 지나도 건재했다. 아니 오히려 시간이 지날수록 교인 수가 많아지더니 급기야 300명을 넘어섰다. 그 교회는 다르항에서 여러 지교회를 개척하는 영향력 있는 교회로 성장했다.

교회가 개척되고 얼마 안 되었을 때의 일이다. 어느 주일에 임 선교사님도 함께 예배를 드리게 되었다. 말씀 시간에 리더 한 명이 서서 설교를 하는데 옆에서 통역하던 자매가 눈물을 흘리고 있었다. 이렇게 감동적인 설교는 자기 평생에 처음이라는 것이다.

임 선교사님도 자세히 들어보았는데, 그것은 자신이 전날 강의한 내용을 그대로 옮긴 설교였다. 그런데 더 놀라운 것은 교인들이 그 설교에 모두 은혜를 받고 있다는 사실이었다.

사실 옆에서 통역하던 자매는 전날에도 성경공부의 통역을 맡고 있던 자매였기 때문에 이미 내용을 다 알고 있는 상태였다. 그런데 그 자매까지 펑펑 울면서 큰 은혜를 받았다고 감격하는 것이 아닌가! 많은 교인들이 통곡을 하다가 예배를 마쳤다. 그때 이 선교사님이 깨달았다.

'하나님은 내 상식을 뛰어넘는 분이시구나! 내가 가르친 말씀을 그대로 전하기만 했는데도 이 사람들에게 큰 은혜를 베풀어주실 수 있구나!'

내 방식을 고집하면 하나님이 일하실 수 없다

임준호 선교사님이 한번은 그 도시에서 가장 빈민층이 모여 사는 지역에 교회를 개척했다. 그런데 교회로 모이는 건물이 하도 오래되어서 밑에서부터 틈이 갈라지기 시작하고 있었다. 그래서 건물이 옆으로 기울어져 있었다. 그런 건물에서 한 층에 아홉 가정이 사는데 화장실은 하나밖에 없었다. 그 건물에 사는 사람 아무도 자기들이 그 건물에 산다는 사실이 외부에 알려지기를 원치 않았다.

그런 마을에 들어가서 성경공부를 시작하려고 첫 모임을 가졌는데, 다섯 명의 여자와 한 명의 남자가 참석했다. 그들에게는 술 냄새가 진동했다. 특히 남자에게 술 냄새가 너무 많이 났다. 심지어 성경공부를 방해하기도 했다. 성경공부가 끝나고 난 뒤 사람들이 재미있다며 다음에 또 와달라고 부탁했다. 그때 선교사님이 이런 제안을 했다.

"다음 모임에는 조금 더 많은 사람들이 모였으면 좋겠습니다. 그리고 좀 더 정돈된 상태에서 모였으면 좋겠습니다. 그러려면 이 중에서 리더를 한 명 세워야 할 것 같습니다."

남자가 한 명밖에 없자 술 취한 그 남자에게 리더를 하라고 맡겼다. 그러자 남자는 깜짝 놀라며 긴장한 채 이렇게 반문했다.

"내가 어떻게 그런 책임을 맡을 수 있어?"

하지만 다음에 다시 찾아갔을 때, 그는 이미 더 넓은 집에 더 많은 사람들을 모아놓은 다음 단정하게 차려 입고 선교사님을 기다리고 있었다고 한다.

후일 임 선교사님이 그 남자에 대한 소문을 듣게 되었는데, 그에 대한 악평이 높았다. 아들딸을 학교에 보내지도 않고 소매치기를 가르쳐서 자식들이 가져다주는 돈으로 술을 마시며 사는 사람이었다. 아마 그런 사람인지 미리 알았더라면 선교사님도 그를 리더로 세우지는 않았을 것이다. 하지만 그 남자는 리더 역할을 잘 감당했다. 그리고 그 과정에서 변화를 받았다.

우리가 안다고 생각하거나 우리의 방식을 고집하면 이와 반대로 하나님의 사역을 제한하게 된다. 하나님께서 일하시는 방식은 우리의 상식을 뛰어넘는다. 우리가 제약하고 방해하면 하나님이 함께 일하실 수 없는 경우가 종종 생긴다.

우리는 우리 경험과 우리 생각을, 상식을 뛰어넘어 역사하시는 하나님 앞에 겸손히 내려놓고 그분의 방법을 구해야 한다. 하나님이 일하실 때 가장 놀라운 역사가 일어나기 때문이다.

믿음으로 하나님과 같이 걸으며 그분의 방법을 겸손히 배우는 사람의 삶 가운데는 늘 놀라운 기적이 함께한다.

여호와여 주의 도를 내게 보이시고 주의 길을 내게 가르치소서 시 25:4

chapter 12

순종으로 주께 나아갈 때 가장 좋은 곳으로 인도하신다

순종하고 맡기라 그리고 떠나라

믿음으로 하나님과 동행하는 사람의 가장 분명한 특징은 하나님을 온전히 신뢰하여 자신이 이해할 수 없을 때에도 기꺼이 주님의 말씀에 순종하기로 결단한다는 것이다. 아브라함은 하나님이 주신 독자(獨子) 이삭을 바치라는 명령을 받았을 때, 하나님의 그 명령을 결코 이해할 수 없었다. 그러나 그는 하나님의 명령에 순종했다. 아브라함이 하나님의 명령에 순종했을 때 그는 그의 믿음을 인정받고 더 놀라운 하나님의 인도하심과 예비하심을 경험하게 되었다.

최근에 우리 가족은 하나님의 인도하심을 따라 몽골을 떠나 안식년을 갖게 되었다. 실은 2008년부터 하나님께서는 기도하는 가운데 또 여러 중보자들을 통해 안식년을 준비할 것을 말씀해주셨다.

그렇지만 내 안에는 안식년을 보내는 것에 대한 마음의 부담이 있었다. 첫 번째로 내가 몽골을 떠나면 혹 학교 사역이 위축되지나 않을까 하는 염려와, 고군분투하는 학교 교수님들과 스태프들에 대한 미안함 때문이었다. 두 번째로 아직 안식년이 필요할 정도로 지치지 않았다고 생각했기 때문이다. 아직 더 열심히 일할 수 있을 것 같았다. 그래서 안식년에 대해서 별 생각이 없었다. 하지만 기도하면 할수록 하나님이 주시는 마음이 내 생각과 크게 다르다는 것을 알았다.

"네가 나가려 하지 않으면 너를 쫓아서라도 보내겠다."

급기야 하나님께서 이런 마음을 주시기에 결국 순종하여 몽골을 잠시 떠나 있기로 결정했다.

모든 일을 하나님께 맡기고 사역지를 떠나보니 하나님께서 학교에 더 좋은 일들을 허락해주시는 것이 보였다. '또감사선교회'라는 단체가 몽골국제대학교에 신축 건물을 지어주고 캠퍼스 정돈을 위해 헌금을 하기로 결정했다는 소식과 함께 많은 사역자들이 와서 빈자리를 채우고 있는 것이 확인되었다.

학교에 대한 염려도 실은 나의 의(義)가 될 수 있다는 생각이 들었다. 선교는 나의 열심으로 되는 것이 아니라 하나님께서 직접 하시는 것이다. 나는 그저 하나님께서 있으라 하시는 자리에, 하나님께서 원하시는 모습으로 서서 하나님의 음성을 들으며 순종하면 되고, 나머지는 하나님께 맡기면 된다는 것을 다시 한 번 확인할 수 있었다.

하나님과 나의 관점은 달랐지만!

나는 안식년에 대한 마음을 결정하고 나서 이왕이면 처음 갖는 안식년 기간에 뭔가 보람 있는 일을 해야겠다는 생각에 그만 어깨에 힘이 들어갔다. 나는 나를 발전시키고 새로운 것을 배우는 데 시간을 쓰고 싶었다. 앞으로 학교 사역을 계속하게 될 것을 대비해서 대학교나 신학교에 가서 논문을 쓰거나 아내가 몽골에 오느라 미처 마치지 못한 박사 논문을 마무리할 수 있도록 도와야겠다는 생각도 들었다.

우리 가족은 선선하면서 숲도 우거지고 바다 근처에 좋은 학교가 있는 지역들을 희망했다. 예를 들면 보스턴이나 뉴저지 또는 애틀랜타 같은 곳이 좋겠다고 생각했다. 그 지역의 좋은 대학교로 교환 교수로 가서 강의도 듣고 글도 쓰는 것이 어떨까 싶은 마음이었다.

게다가 그 지역에는 연고(緣故)가 있어서 쉽게 도움을 구할 수 있을 것 같았고, 어느 정도 익숙한 곳이기 때문에 정착하기도 쉬운 환경이었다. 그래서 몇몇 지역들을 중심으로 리스트를 정하고 하나님의 인도를 구하며 기도했다.

하지만 하나님께서는 내가 좋다고 생각한 곳들이 다 아니라는 사인을 주셨다. 마지막으로 '설마 이곳은 아니겠지' 하며 중보 사역자 한 분과 함께 기도한 곳이 있었는데, 그곳이 텍사스의 타일러라고 하는 작은 도시에 있는 국제예수전도단(YWAM) 베이스였다.

나는 당황스럽고 의아했다. 왜냐하면 그곳은 안식년을 보낼 만한 곳으로 마음에 담아둔 곳이 아니었기 때문이다. 가장 큰 이유라면, 나와 식구들이 재충전을 하고 새로운 성장을 이루기에 좋은 환경이 아닌 듯했고, 또 하나는 그곳 여름이 무척 덥고 건조해서 몽골에서 오래 살아온 우리 가정과 맞지 않으리라는 점이었다. 다소 황량하고 오일이 많이 나오고 사람들조차 투박한 곳…. 그것이 내가 미국 남부 텍사스에 대해 갖고 있던 이미지였다. 게다가 그곳으로 갈 경우 미국 비자를 받는 문제도 다소 불투명하고 어려워 보였다. 하나님의 인도하심에 대한 기대감과 동시에 실망감이 찾아왔다.

나는 하나님께 물었다.

"그럼 거기 가서 무엇을 해야 하나요?"

"그저 쉬렴. 나는 네가 내 안에서 참 안식을 누리기 원한다."

처음에는 잘 이해되지 않았다. 여전히 아직 내가 그렇게 지쳐 있다는 생각이 들지 않았기 때문이다.

그 말씀의 뜻을 이해하게 된 것은 내가 나중에 타일러에 도착한 다음이었다. 그제야 비로소 내가 어느 정도 지쳐 있었다는 사실을 깨닫게 되었다. 물론 바닥이 드러날 정도로 물이 빠지지는 않았다. 하지만 나도 모르는 사이에 물이 채워지는 양보다 빠져나가는 양이 더 많았다. 그런데도 나는 무감각하게 열심히 펌프질을 하고 바닥에 남은 물마저 퍼내려고 하고 있었던 것이다.

어떻게 보면 열 명의 처녀들이 등과 기름을 함께 준비해서 신랑을 기다려야 하는데, 어리석은 다섯 명의 처녀들이 등만 가지고 여분의 기름을 준비해놓지 않은 상황과 같았다(마 25:3,4). 당장 등 안에 타고 있는 기름이 있다고 방심했던 것이다. 그러나 그 방심의 결과는 사뭇 치명적이 된다.

돌아보건대 하나님께서 내가 타일러 베이스에서 쉼을 얻기 바라셨던 이유는 내가 성장할 필요가 없었기 때문이 아니었다. 하나님께서는 우리의 성장을 원하신다. 단, 성장하고 훈련받아야 할 영역에 있어서 하나님의 초점과 나의 초점이 달랐다. 하나님께서는 먼저 내가 하나님과의 관계 그리고 가족 간의 관계에 집중하기를 원하셨다. 그것이 훈련의 가장 기본이기 때문이다.

또한 성장의 타이밍에 대한 이해 역시 서로 달랐다. 하나님은 나를 지속적으로 성장시키기 원하시지만 순서와 방식과 타이밍에 있어서 나와 다른 생각을 가지고 계셨다. 안식년 기간 동안 관계의 문제가 점검되고 나자 이제 하나님께서 나를 다른 영역의 훈련 과정으로 이끌어 가시는 것을 경험한다.

가족들의 희망사항

안식년 장소를 놓고 기도하던 당시 가족이 각자 가지고 있던 위시 리스트가 있었다. 안식년에 미국으로 가면 해보고 싶다고 하는 것들이다. 그중에 다음과 같은 희망사항을 걸고 가정 예배 때 기도를 드린 적이 있다.

먼저 나는 몽골에는 나무가 적고 공기가 좋지 않으므로 나무가 많고 공기가 좋은 곳으로 갔으면 좋겠고, 교통이 좋아서 외부 집회가 있을 때

다니기 편하면 좋겠다는 내용을 나누었다.

아내가 원하는 것이 가장 많았는데 구체적인 내용은 이랬다.

"영적으로 성장할 수 있고, 신앙의 성숙을 이끌어줄 프로그램을 만났으면 좋겠고, 대도시가 아니고 특별히 우리 가족을 알아보는 한국 분들이 적어서 우리가 머무는 동안 관심의 대상이나 관찰의 대상이 되지 않았으면 좋겠어요. 아이들을 키우기 좋은 환경 그리고 좋은 학교가 가까이에 있으면 좋겠고, 가까운 곳에 숲이 있어서 시간이 날 때마다 산책할 수 있으면 좋겠습니다."

동연의 소원은 친구들이 아빠와 함께 낚시한 것을 자랑했는데 자기도 꼭 한 번 낚시를 해보았으면 좋겠다는 것과 곤충이나 동물이 많았으면 좋겠다는 것이었다. 서연이는 미국에 있는 동안 발레를 배울 수 있으면 좋겠다고 나누었다.

식구들의 기도 제목을 들으니 한숨부터 나왔다. 다른 것은 차치하고 시간이 날 때마다 산책할 수 있는 숲이라니, 그곳은 건조한 지역이라서 나무가 별로 없을 것 같았다. 더욱이 햇볕이 강해서 해가 있을 때 걸어 다니면 일사병에 걸릴 것 같았고, 타일러는 바다에서도 멀고 건조한 지역이라 물이 귀해서 낚시를 할 수 없을 것 같았다. 카우보이가 많이 사는 목장 지대에서 발레를 배울 수 있는 곳을 기대하기도 어려웠다.

기도해놓고 아이들이 실망하면 어떻게 하나 염려스러웠지만, 그곳에 가서 무언가 하겠다는 생각을 버리고 그저 하나님의 인도하심을 온전히 바라는 연습을 하기로 마음먹었다. 아내와 나는 기도를 깊이 할수록 온전히 하나님의 뜻이 이루어지기를 소망하게 되었다.

아내는 국제예수전도단에서 진행하는 제자훈련(DTS)을 받기 위해 신청을 준비하던 중 셋째 아이의 임신을 확인하게 되었다. 우리는 하나님께서 안식년 일정을 간섭하시는 이유가 셋째 아이와도 관련이 있다고 느꼈다. 그리하여 다른 모든 계획이나 요구 사항들을 내려놓고 하나님의 인도하심만 따라 타일러로 가기로 마음을 결정할 수 있었다.

완벽한 예비하심

우리 가족은 타일러 베이스에 도착하고 나서 깜짝 놀랄 수밖에 없었다. 위시 리스트에 있던 내용들의 대부분이 이곳에 예비되어 있음을 발견한 것이다. 하나님께서 우리를 위해 예비하신 것들을 날마다 발견해 나가는 것은 큰 기쁨이자 감사거리였다.

그 베이스는 예전에 양어장으로 사용되던 곳으로, 베이스 내에 호수가 몇 개 있었다. 그 호수에는 고기가 제법 많이 살고 있었다. 동연이는 도착한 첫 날부터 낚싯대를 빌려 낚시를 해볼 수 있었다. 게다가 그곳 연못이 베이스 소유였기 때문에 별도로 낚시 허가증을 받을 필요도 없었다. 그리고 며칠 뒤에 알게 되었는데 베이스 내에 예술적 재능을 선교에 활용하도록 돕는 학교가 세워져 있어서 그 안의 스튜디오에서 발레를 가르쳐주고 있었다.

그뿐만이 아니다. 그 지역은 텍사스에서 유일하게 소나무를 비롯한 식생대(植生帶)가 펼쳐져 있는 곳으로, 베이스 뒤쪽으로 제법 나무가 많아 걷기에 좋았다. 소나무 숲이 많아 공기가 좋고 오존이 적절하게 보존되어 있어서 결핵 환자들을 위한 요양소가 세워졌을 정도이다. 특별히 우리가 안식년으로 가 있던 시기에는 이상 기온을 보이며 예년에 비해 비도 많이 오고 겨울에는 눈이 몇 차례 올 정도로 추웠다. 서연이가 피부가 약해서 습하고 더운 곳에 가면 피부에 열꽃 같은 것이 피어나곤 했는데, 우리 가족에게 안성맞춤의 날씨였다.

또 동물이나 곤충들이 많아서 호기심이 많은 동연이와 서연이를 즐겁게 해주었다. 도마뱀, 거북이, 뱀, 스컹크, 다람쥐, 너구리, 코요테, 멧돼지, 아르마딜로 등이 시시때때로 출몰하는, 그래서 아이들이 가까이에서 동물들을 관찰할 수 있는 기회도 생겼다.

또 달라스라는 대도시가 차로 두 시간 정도 떨어져 있는데, 그곳에 큰 한국 마켓이 있어서 필요한 음식이나 물품을 사는 데 용이했다. 달라스가 교통의 허브이기 때문에 다른 지역으로 이동할 때도 편리했다. 한편 타일러는 달라스에서 차로 2시간 거리에 있었기 때문에 한국 커뮤니티와 분리되어 조용한 시간을 가질 수 있다는 것도 큰 장점이었다. 이뿐 아니라 베이스가 끼고 있는 린데일이라는 도시에 있는 공립학교는 텍사스주에서 최상위권에 드는 좋은 학교로 알려져 있을 만큼 교육 환경도 훌륭했다.

나는 아내가 미국에서 셋째 아이를 출산하게 되면 비용이 많이 들 것에 대한 부담이 있었다. 이미 임신한 상태에서는 보험에 들 수 없었기 때문이다. 그러나 비용을 거의 들이지 않고 아이를 낳을 수 있도록 하나님께서 준비해두신 것들이 그곳에 많이 있었다. 텍사스로 갔기 때문에 가능한 일들이었다.

부모님이 아이를 봐주시기 위해 두 달 정도 방문하실 예정이었는데 그때 부모님의 거처를 놓고 기도하기 시작했다. 당시 우리는 베이스 내 게스트하우스에서 방 두 개를 빌려서 사용하고 있었다. 하지만 부모님이 그곳에서 지내시기에 언어도 통하지 않고 한국식으로 식사하기에도 어려움이 예상되었다.

그러던 어느 날, 리랜드 패리스라는 베이스 지도자로부터 연락이 왔다. 이제 자신들이 은퇴자들을 위한 작은 집으로 옮기면서 베이스 건너편에 있던 기존의 집을 팔려고 내놓을 생각인데, 현재 부동산 경기가 좋지 않으니 당분간 우리 가족이 그곳에서 사는 것이 어떻겠느냐고 묻는 것이 아닌가. 하나님은 가장 필요한 때에 도움의 손길을 통해서 모든 것을 예비해주고 계셨다.

아내에게 텍사스는 몽골의 자연 환경보다 좀 더 열악한 곳이라고 이야기하며 기대를 낮추어놓았는데, 하나님의 인도하심에 순종했더니 우리를 위해 예비된 최상의 환경을 만나게 된 것이다. 하나님은 우리의 필요에 대해서 우리보다 더 잘 알고 계시는 분이다.

만남의 축복을 예비하신 하나님

하나님께서는 이곳에서 새로운 만남을 허락해주시겠다는 마음을 부어주셨다. 그리고 그 분들을 통해서 사역의 지평이 확장될 것이라는 감동이 왔다. 아내는 타일러 베이스에서 제자훈련을 통해 하나님에 대해 깊이 묵상할 수 있는 시간을 가졌다. 나는 베이스 측의 배려로 어떤 강의든 관심이 있는 분야를 청강할 수 있도록 허락받았다. 하나님께서는 그 해에 좋은 강사들을 많이 보내주셨다.

특별히 조이 도우슨의 아들로 국제예수전도단 리더십 중 한 사람인 존 도우슨 그리고 또 한 명의 리더인 짐 스타이어의 강의를 일주일 동안 들을 때, 하나님께서는 그들이 친히 예비해두신 선생님들 중 두 명이라는 사실을 내게 알려주셨다. 특히 짐 스타이어의 강의를 들으면서 하나님은 내게 여러 가지로 말씀해주셨는데, 나는 그것이 《더 내려놓음》이후에 쓰게 될 책의 주제와 관련이 있다는 것을 알게 되었다.

타일러 베이스의 지도자 리랜드 패리스는 로렌 커닝햄의 사촌으로 조용히 북한을 섬기면서 한국과 중국 선교를 위해 생(生)의 후반부를 보내고 있는 분이다. 그 분에게는 한국인을 존중하는 마음이 있고 또 베이스 사역을 한국인들이 맡아주기를 바라며 십여 년간 기도해오고 있다고 한다.

나는 하나님께서 이미 오래 전부터 이곳에 많은 것들을 예비해두셨다는 사실을 재차 느낄 수 있었다. 내 계획을 앞세우지 않고 그저 하나님의 예비하심을 따라가는 삶에는 기쁨과 자유와 하나님의 놀라우심과 신실하심을 경험하는 축복이 있음을 다시 한번 몸으로 삶으로 확인할 수 있었다.

하나님이 부르신 곳이 가장 좋은 곳

우리는 살 곳을 고를 때 내가 보기에 좋은 곳을 고른다. 나의 생각으로 계산해보아서 강남이 좋으니 강북이 좋으니 하며 결정한다. 아이들의 학교 문제나 집값 수준, 교통이나 주변 편의 시설 등을 고려해서 살 집을 고른다. 무엇을 고를 때 이것이 나에게 어떤 유익을 줄지 우선적으로 살핀다. 내가 보기에 좋은 것을 고르지 못하게 되면 아쉬움이 남는다.

그런데 하나님의 인도하심을 따라서 그분과 같이 걷는 삶을 맛보게 되면 그 이상의 것들을 바라고 생각하게 된다. 베이스에서 생활하던 어느 날 아내가 고백했다.

"여보, 이제는 하나님께서 세계 어느 지역에 가서 살라고 하셔도 기쁘게 가서 살 수 있을 것 같아요. 살아보니까 다 거기서 거기인데, 나의 삶에 가장 의미를 주는 곳은 결국 하나님이 가라고 인도하셨던 곳이라는 것을 깨달았어요."

그 말에 나도 깊이 공감할 수 있었다.

한번은 보스턴에서 코스타를 섬길 때, 한국에서 오신 강사 분 중에 한 분이 내게 이런 질문을 하셨다.

"선교사님은 사역도 바쁘고 사역에 열매도 있으니까 몽골에서 살아도 별로 힘든 것을 모르실 것 같은데, 사모님은 그곳 생활을 어떻게 견디시나 모르겠어요."

나는 아내가 했던 고백을 나누었다.

"아내는 하나님께서 보내시는 어느 곳이든 그곳으로 갈 때 기쁨을 누릴 수 있을 거라고 고백하던데요."

그러자 그 분이 당황하면서 어떻게 그렇게 생각할 수 있는지 의아해 하셨다. 나도 잠시 더 생각해보았다. 좋은 대답이 떠올랐다.

"김치 같은 사소한 음식도 우리가 그 맛에 길들여지면 김치 없이 밥을 먹는 것이 어려워집니다. 하찮은 김치에도 우리가 이렇게 길들여지는데, 하나님과 동행하는 삶은 중독성이 훨씬 더 강합니다. 한 번 그 맛을 보면 다른 것들로는 만족하기 어렵지요."

내가 보기에 한국은 참 살기에 편리한 나라가 되어가고 있다. 그러나 편리하고 편안하다고 해서 행복한 것은 아니다. 몽골에서의 삶이 불편하기는 해도 거기서 지내는 삶이 불행한 것은 아니다. 오히려 편리하고 편안해진 한국의 삶이 하나님께 다가가기에는 더 힘든 환경이 될 수 있다. 어느새 이 땅은 하나님과 친밀하게 교제하며 살아가기에 너무 불편한 곳이 되어버린 것이 아닌가 싶었다. 미국이나 유럽처럼 부유하고 살기 좋은 도시에 갔을 때 오히려 영적 결핍감이 크게 느껴지는 경험을 종종 한다.

성경은 우리에게 "여호와의 선하심을 맛보아 알지어다"(시 34:8)라고 선포한다. 우리의 문제는 하나님의 선하심을 맛본 적이 별로 없으면서, 그것이 큰 결핍이라는 것을 모른다는 것이다. 우리 몸은 작은 교통사고만 당하더라도 거기에 반응을 하고 흔적을 남긴다. 그런데 그보다 더 강력한 하나님의 영광과 부딪힌다면 더 강한 흔적이 우리 가운데 남을 것이다.

하나님의 깜짝 선물

2009년 봄, 한국에서 집회를 진행하던 중에 아내와 통화가 되었다. 아내는 심각한 목소리로 내가 돌아오면 상의할 문제가 있다고 말했다. 몽골에 돌아와 아내에게 무슨 일이냐고 물으니, 아내는 아이가 생겼다고 말해주었다. 그때 우리는 서로의 감정을 조심스럽게 살폈다. 처음에는 멍했지만 나도 몰래 씩 하고 웃음이 나왔다.

"마흔 살이 훌쩍 넘어서 셋째 아이라니…."

나는 '깜짝 놀랐지?' 하며 웃으시는 하나님의 마음이 느껴졌다. 나도 속으로 말했다.

'하나님, 재미있으세요? 하긴, 저도 재미있네요.'

실은 이 일에 대해서 하나님께서는 미리 말씀해주신 적이 있다. 단지 우리가 그 부분에 준비가 되어 있지 않았기 때문에 그 말씀을 믿음으로 받기를 꺼려하고 있었을 뿐이다.

그때로부터 약 2년 전쯤, 성령의 은사가 충만한 남아프리카 공화국 출신의 사역자 한 분이 몽골을 방문해서 집회를 가진 적이 있었다. 그 분이 하루 일정을 내어 몽골국제대학교를 방문해주었는데, 집회를 마치고 따로 학교 리더들의 가정을 위해 기도해주는 시간이 있었다. 당시에 나는 외부 출장 중이었기 때문에 아내 혼자 기도를 받았는데, 우리 가정을 위한 기도 가운데 몇 가지 내용이 아내의 마음에 걸렸다.

"당신의 남편은 하나님의 대사입니다. 많은 곳을 다니게 하실 겁니다. 홀로 있을 때 평안하세요. 그리고 그가 돌아올 때 파티를 벌이세요."

그 당시 아내는 내가 외부 집회로 자주 집을 비우는 것을 어려워하고 있었다. 앞으로 남편이 더 자주 밖으로 다닐지 모른다고 생각하니까 마음이 어려운데 게다가 돌아올 때마다 파티를 열어주라니, 아내는 마음이 착잡해졌다. 이어지는 그의 말이 아내를 더 경악시켰다.

"당신의 가족은 영적으로 다섯 명입니다."

아내는 당황해서 그의 말을 끊고 항의조로 말했다.

"잘 모르실까 해서 말씀드리는데요, 저희는 아이가 두 명 있어요. 밖에서 놀고 있는 아이까지 모두 둘입니다."

그가 이어서 이야기했다.

"현재 넷이군요. 당신은 아이를 더 낳거나 입양할 수 있습니다. 하나님께서 당신의 가정을 더 키우기 원하신다는 마음을 주십니다."

내가 일정을 마치고 집으로 돌아왔을 때 아내는 내게 착잡한 심정으로 자초지종을 나누었다. 나는 아내를 안심시키기 위해 말했다.

"여보, 영적인 아이일지 모른다고 하잖아요. 선교사는 영적인 아이를 많이 둘수록 좋지. 어쩌면 셋째 아이는 상징적인 의미일지 몰라요."

그 후 아내가 혼자 기도하는데 하나님께서 아내의 마음에 이런 감동을 주셨다고 한다.

"아이를 더 낳을 거란다. 나이는 걱정하지 마라. 너는 건강할거야."

하나님께서는 마흔이 다 되어 아이를 갖는 아내가 느끼는 불안감을 잘 알고 계셨다. 하지만 아내는 여전히 심난해했다.

나는 아내를 다시 위로하며, 하나님의 말씀이 있더라도 우리가 처음 생각한 것과 다른 방식으로 이루어지는 경우가 있으니까 좀 더 분별할 필요가 있다고 말해주었다. 우리는 아이를 가질 특별한 계획이나 준비를 하지 않았다. 그런데 어느 날 갑자기 아이를 갖게 되었다는 소식을 듣게 된 것이다.

나는 웃으며 하나님께 고백했다.

"하나님께서 계획하시면 '파수꾼의 경성함이 허사'가 되는군요."

나는 묘한 행복감이 나를 감싸는 것을 느꼈다. 아내도 하나님이 아이를 주셔서 기쁘다고 대답했다. 다만 아이를 낳고 키우는 직접적인 책임이 있는 아내는 여전히 마음에 부담을 안고 있었다. 엄마와 잘 떨어지지 않으려는 두 아이만으로도 충분히 버겁다고 생각하기 때문이다.

하나님만 주실 수 있는 선물

며칠 뒤 하나님께서 기도하는 아내의 마음에 이렇게 물으셨다.

"내가 준 선물이 기쁘니?"

순간 아내는 아무 대답도 하지 못했다. 더 이상 기도가 진행되지 않았다. 집에 돌아와서 하나님의 질문에 답하지 못하는 자신의 마음을 한 겹 한 겹 벗겨내며 하나님과 씨름했다.

"이게 뭐가 선물이에요? 내가 좋아하는 것을 주어야 선물 아닌가요?"

하루 종일 불편한 마음으로 지내던 아내가 저녁이 되어 책을 읽는 도중에 갑자기 귀한 것을 깨달았다고 한다.

"오직 나만이 생명을 선물할 수 있단다. 내가 줄 수 있는 최고의 선물이 생명이란다."

그 깨달음이 아내를 통곡하게 만들었다. 그리고 하나님만이 주실 수 있는 가장 귀한 선물인 생명을 하찮고 귀찮게 여겼던 죄를 회개했다.

그렇다. 하나님만이 생명을 선물로 주실 수 있다. 육적인 생명이든 영적인 생명이든 오직 하나님에게서만 생명이 나온다. 하나님께서 우리에게 주실 수 있는 가장 큰 선물이 생명이다.

우리는 가장 큰 기적인 생명을 기적으로 여기지 않고 자신이 보기에 좋은 것만을 추구한다. 하나님께서 놀라운 배려 가운데 부족한 우리를 충성되게 여기셔서 한 명의 아이를 더 선물로 주셨는데, 우리 부부는 그것을 하나님의 입장에서 보지 못하고 있음을 알게 되었다.

아내는 자신이 하나님께 드리고 싶은 희생과 섬김이 있었다. 하지만 하나님께서 아내에게 원하시는 희생과 섬김은 하나님의 아이들을 맡아 하나님 안에서 잘 키워내는 일이었다. 자신이 하나님께 드리고 싶은 섬김에 몰두한 나머지 하나님이 원하시는 섬김에 관심을 갖지 못했고, 자신이 하고 싶은 헌신을 자신이 원하는 방식대로 하기 원했던 것이다.

우리는 얼마간 기다렸다가 가족회의를 소집했다. 그리고 두 아이에게 조심스럽게 동생이 생겼다는 사실을 이야기했다. 우리는 아이들이 유난히 엄마에 대한 집착과 소유욕이 강해서 동생이 생기는 것을 그다지 달갑게 여기지 않을 거라고 염려했다. 하지만 아이들은 그 이야기를 듣자마자 만세를 부르며 동생이 생겼다고 기뻐했다. 우리는 다시금 하나님께서 두 아이의 마음이 안정되고 편해지는 시기를 기다려 동생을 허락하셨다는 사실을 깨달았다. 아이들의 마음을 이미 만져주신 것이다. 한 생명을 허락하실 때 좋은 환경을 만들어주시기 위해 배려하시는 하나님의 섬세함을 느낄 수 있었다.

나는 아내가 노산임을 걱정하는 마음이 있었기에, 뱃속의 동생이 아픈 데 없이 건강하게 태어나도록 기도해주어야 한다고 아이들에게 말했다. 그러자 둘째 서연이가 잠시 눈을 감았다 뜨더니 편안하고 확신 있는 어조로 말했다.

"내가 기도했으니까 괜찮을 거야."

서연이의 몹시 단순 명료한 믿음에 잠시 어안이 벙벙해진 아내가 그 후 내게 이렇게 말했다.

"서연이의 순전한 확신이 나를 부끄럽게 했어요. 맞아요. 다 하나님의 영역인데요…."

아이의 지극히 단순한 믿음을 보며 하나님의 선물을 부담으로 느끼는 우리의 복잡다단함이 부끄러워졌다. 맡기는 믿음이란 '내가 기도한 대로 될 것이다'라고 믿는 믿음이 아니라 결과 자체를 맡기는 것이다. 하나님의 선하신 손에 과정과 결과까지 맡기고 그분이 원하시는 것이 원하시는 방식대로 이루어지기를 바라는 것이다.

마음을 정하자 우리는 셋째 아이를 더 기뻐할 수 있었다. 그러자 비로소 하나님께서 셋째 아이를 향해 가지고 계신 마음과 계획에 대해서 하나씩 깨닫게 되었다. 그 계획은 크고 놀라웠다. 하나님께서 아내에게 박사 과정을 정리하라고 하신 이유와 안식년을 텍사스에 가서 쉬면서 보내라고 하신 이유도 깨달아졌다. 하나님께서는 이미 우리 가족을 위한 계획 가운데 셋째 아이를 포함시켜놓고 계셨던 것이다. 이 과정을 통해서 나는 내 안에 기꺼운 순종을 드린 후에 비로소 하나님의 계획에 대해서 배울 수 있다는 것을 다시 한 번 깨달았다.

셋째 아이를 낳고 난 뒤 아내는 내게 그 소회를 이렇게 나누었다.

"하나님께서 혹시 원하신다면 아이를 또 가져도 기쁠 것 같아요. 만약에 이 아이를 낳지 않았으면 어땠을까 싶어요. 큰 결핍이 있었을 텐데 그것도 모르고 지냈겠지요."

가정의 주인은 오직 하나님

하나님께서 선물로 주신 생명이지만 젊은 부부가 아이를 낳고 아이 키우는 기쁨을 충분히 누리지 못하는 데는 이유가 있다. 그중에 하나가 육아에 대한 부담감이다. 똑똑한 엄마일수록 아이와 함께하는 시간을 누리기보다 이대로 주저앉아 시간 낭비 하지 말고 아이를 맡기고 뭔가 보람 있는 일을 해야 한다는 강박관념을 갖기 쉽다. 그쯤 되면 아이는 방해꾼 내지 자신의 삶에 침입해 들어온 침입자라는 생각을 하게 된다.

산후 우울증이 찾아오고 힘들어하는 이유는 단순히 육체적인 어려움 때문만이 아니다. 하나님께서는 때로 자기중심적인 성향에서 벗어나게 하기 위한 선물로 자녀를 허락하시는 것 같다. 그때 하나님이 아이를 허락하신 그 의도대로 반응하고 깨닫는 것이 부모에게 복이 된다. 부모는 아이를 키우는 과정에서 자신들이 얼마나 자기중심적인 죄인지, 하나님을 정말 신뢰하고 있는지를 알게 된다.

　나는 셋째 아이의 임신과 출산을 통해서 가족계획이라는 말을 다시 한 번 생각해보게 되었다. 이것이 신앙과는 대적적인 표현인데도 우리는 그동안 이 부분에 대한 인식이 거의 없었다. 사실 가족계획이라는 말은 굉장히 무서운 말이다. 즉, 하나님이 아닌 자기 자신이 가족 구성원의 숫자를 결정할 자격이 있고 또 그렇게 하는 것이 책임감 있는 행동이라는 인식이 그 저변에 있는 것이다. 자신이 가족과 생명의 주인의 자리에 서는 것이다.

　오늘날 교회 안에도 출산율이 그리 높지 않다. 아이를 하나님이 키우신다는 생각보다는 자신이 책임져야 하고 또 그 사실이 부담스럽다고 느끼기 때문일 것이다. 한국 교회의 수많은 교인들이 신앙의 가장 중요한 단위인 가정에서 하나님을 경외하지 않고 있다. 가정을 자신의 소유라고 생각한다.

　선교사인 나도 비슷한 생각의 지배를 받았던 것 같다. 그런데 하나님께서는 나의 모든 생각을 한꺼번에 다 바꾸시기보다는 내가 하나님과 같이 걸어가는 과정에서 자연스럽게 한 가지씩 정리할 수 있게 해주신다. 내가 하나님 안에서 성장하고 하나님을 알면 알수록 하나님은 자신의 생각을 계속 조금씩 열어 보이시면서 우리에게 있는 하나님과 같이 걷기에 불편한 부분들을 버릴 수 있도록 도와주신다.

　우리의 문제를 한꺼번에 다 드러내시지 않는 섬세함, 그 섬세함을 경험할 때 내가 하는 고백이 있다.

"더 주님의 뜻을 따르지 못해서 죄송할 따름입니다."

세밀하게 인도하시는 하나님

하나님의 뜻을 구하는 가운데 우리가 훈련되면 될수록 좀 더 섬세한 영역에까지 그분의 뜻 가운데 인도하심을 받게 된다.

안식년을 마치고 몽골에 들어오기 전에 몽골국제대학교 측으로부터 학기 중에는 외부 집회를 갖지 말아달라는 요청을 받았다. 그간 나는 학교의 재정적 필요를 감당해야 한다는 부담을 안고 한국이나 다른 여러 나라의 집회를 통해 학교 재정의 일부를 지원해 왔다.

그러나 이제부터 내가 학교에서 감당해야 할 역할은 재정을 충당하는 것이 아니라 교학 행정 업무를 좀 더 발전시켜야 하는 상황이라고 보였다.

하지만 한 가지 문제가 있었다. 학교의 요구와 하나님께서 내게 주신 말씀 사이에 충돌이 있는 것처럼 보였기 때문이다. 몇 년간 계속해서 기도 가운데 내 마음에 주셨던 하나님의 말씀은 내가 하나님의 대사로 더 많은 곳을 다니며 가르치고 선포하기 원하신다는 것이었다. 일주일 이상을 기도했지만 하나님께서 특별히 어느 한 쪽을 택하라고 하시는 구체적인 인도하심을 받지 못했다.

그렇다면 나는 그간 배우고 경험해온 하나님의 방식을 따라서 지혜롭게 결정을 내려야 한다. 나는 생각을 정리했다. 현재 하나님께서 나를 사용하기 위해 부르신 곳은 학교였다. 그렇다면 하나님의 더 구체적인 개입을 볼 수 없는 상황에서는 학교에서 나에게 원하는 필요를 채우고 또한 학교의 권위에 순복하는 것이 옳다고 보인다. 그래서 나는 학교의 요청에 따라 이미 잡혀 있는 일정들을 모두 취소했다.

몽골에 돌아와서 시간이 지날수록 그 결정이 옳았다는 생각이 들었다. 외부 집회가 없었기 때문에 좀 더 여유를 가지고 가정과 학교를 돌아볼 수 있었고 계속 미뤄두었던 책을 집필하고 앞으로의 사역에 대해 기도하며 구상할 수 있었다. 또한 하나님은 내가 만나야 할 많은 분들을 몽골로 보내주셔서 이곳에서 만남을 갖도록 예비하셨다.

하나님은 물론 우리가 때때로 하나님이 예비하신 길을 찾지 못하고 엉뚱해 보이는 길로 간다고 해도 우리를 인도하시는 손길을 거두지 않으신다. 단, 이 경우 우리는 관계와 마음에 상처를 입고 불필요한 수고를 하게 될 수 있다. 하나님께서는 우리에게 이미 허락하신 권위와 질서를 통해서도 우리를 인도해 가신다. 하나님께서 한 사람 한 사람에게 미래의 큰 계획에 대해 말씀해주셨더라도 현재 우리 삶의 구체적인 정황 가운데서 우리가 보기에 반대 방향이라고 느껴지는 곳으로 인도하심을 받기도 한다.

뜻밖의 인도하심

2009년 여름 몽골국제대학교에서 제3회 파우아(PAUA, Pan-Asia and Africa Universities Association) 모임이 열렸다. 전 세계에 흩어져서 사역하는 선교 대학교 관계자들이 모이는 회의였다. 물론 한국인 선교사들이 세운 선교 대학을 중심으로 한 것이다. 서구 선교계가 근 50년간 선교지에 단 하나의 선교 대학도 세우지 않은 반면, 한국은 최근 10여 년 사이에 구(舊)공산권이라 할 수 있는 중국, 몽골, 캄보디아 등지에 선교를 지향하는 대학들을 세워나가고 있다. 파우아 모임은 이 대학 관계자들과 인도네시아에 세워진 기독 대학, 라오스, 미얀마, 아프리카의 가나 등지에 앞으로 대학을 세우기 위해 준비하는 그룹들도 함께한다.

3차 대회를 몽골에서 개최하기로 하자 대회 준비와 비용 마련이 내 몫이 되었다. 처음에 도움을 줄 수 있을 것으로 예상했던 몇몇 교회가 있어서 도움의 손길을 요청하고 기다렸다. 하지만 헌금은 대회를 위해 필요한 재정에도 훨씬 못 미치는 액수였다. 약 이천 만 원 정도의 추가 비용이 필요했다.

그러던 중 한국의 한 교회에서 며칠간 말씀을 전해달라는 요청이 들어왔다. 집회 중에 거두어진 헌금으로 파우아 행사 비용을 후원해주겠다는 말도 함께 전해왔다. 그래서 하나님께서 행사를 무사히 진행할 수 있도록 길을 열어주신다는 생각에 집회를 수락하고 학기 중에 어렵게 일정을 만들었다.

그런데 교회에서는 사정상 집회 중에는 헌금을 하지 않기로 결정했다는 사실을 집회를 마치고 난 뒤 알게 되었다. 빈손으로 학교에 돌아가야 하다니 나는 이 상황이 무척 난처하고 당혹스러웠다. 하나님의 뜻이 어디에 있는지 혼란스럽기도 했다.

다음 날 아침 마음이 불편한 가운데 눈을 떴다. 다른 볼일을 처리하러

가고 있는데 한국에서 친밀하게 교제를 나누는 지인으로부터 전화가 걸려왔다. 내가 잠시 한국에 들렀다는 소식을 듣고 안부 차 전화한 것이었다. 내 목소리가 어둡다고 느꼈는지 그가 그 이유를 물어왔다. 나는 자초지종을 설명하고 허탈한 심정을 나눈 뒤 전화를 끊었다. 그런데 잠시 후에 다시 전화가 걸려왔다. 필요한 재정을 자신이 헌금하겠다는 것이다.

사연인즉 그날도 하나님의 인도하심을 구하는 기도를 드리며 그대로 순종하겠다고 고백하는 가운데 하나님이 나를 떠오르게 하셔서 내게 전화했다는 것이다. 그런데 통화를 마치고 전화를 끊고 나자 이번에는 하나님께서 비슷한 금액의 돈을 생각나게 하셨다는 것이다. 그것은 바로 만기가 되어 통장으로 입금된 아들의 교육보험 보험금이었다. 계속해서 그는 하나님께 이 재정을 이용규 선교사에게 헌금해야 할지 말아야 할지 여쭈었고 그러자 하나님께서 아들의 교육을 책임져주실 것이며 이 재정은 이용규 선교사에게 헌금하기 원한다는 마음을 주셔서 내게 다시 전화를 한 것이다.

결국 필요한 재정이 절묘한 타이밍에 채워졌고, 나는 감사한 마음으로 편히 몽골로 돌아갈 수 있었다. 내가 도움을 받을 것으로 기대한 곳에서 도움을 받은 것이 아니다. 많은 경우 도움은 생각지 않은 곳에서 생각지 않은 방식으로 찾아온다. 이것이 하나님께서 예비하신 방식이다.

이렇게 공급된 재정으로 선교 대학 연합 모임을 잘 치를 수 있었다. 대회 가운데 서로가 가진 경험들을 공유할 수 있었고 서로의 사역에 대해 앞으로의 모습을 조망하고 위안을 받으며 새로운 협력의 길을 모색할 수 있었다.

반 년쯤 지난 뒤 예전의 그 교회에서 다시 말씀을 전해달라는 요청이 왔다. 나는 그 당시의 어려웠던 감정이 떠올라 정중히 사양하고 싶었다. 그 순간 내 마음에 하나님의 말씀이 차올랐다.

"네가 말씀을 전하러 다니는 이유가 무엇이니?"

하나님께서는 말씀을 전하는 과정에서 내가 그분과 같이 걷기를 원하셨다. 그러나 나는 내 감정과 생각에 따라 움직이고 싶어 했다. 그때 나는 말씀 사역을 감당하며 하나님과 함께 가려고 하기보다 내가 원하는 대로 가고 싶어 한 마음을 하나님 앞에서 돌이킬 수 있었다.

하나님의 인도하심에 순종으로 반응하라

돌아보면 하나님께서 늘 우리가 원하는 때에 원하는 것을 허락하신 것은 아니었다. 오래 기다리며 기도해야 하는 날들이 많았다. 처음에는 계속 기다려야 하거나 내가 원하는 방식을 포기해야 하는 상황에서 서운한 마음도 들었다. 그러나 시간이 지날수록 하나님께서 일하시는 방식을 배우게 되었고 그러면서 그분의 타이밍과 방식이 가장 완벽하다는 사실을 더 깊이 신뢰하게 되었다. 그리고 다시 순전한 마음으로 주님의 인도하심에 순종할 수 있었다.

하나님의 걸음은 역사에 묶이지 않으며 역사를 넘어서신다. 성령님의 인도를 따라갈 때 우리는 지도에 나와 있거나 이미 제시된 길로만 인도함을 받는 것이 아니다. 따라서 그분과 같이 걷기로 결단한 이후에는 익숙하고 편리한 지도를 벗어나서 지도에 나오지 않는 미지의 영역을 탐색할 각오를 해야 한다.

하나님은 자신의 말씀에 위배되는 일을 하지 않으시지만 말씀에 대한 우리의 해석과는 다르게 우리를 이끌어 가시기도 한다. 하나님의 말씀은 완벽하지만 그분의 말씀에 대한 우리의 이해나 해석은 늘 제한적이고 불완전하기 때문이다. 하나님의 인도하심을 경험하고 그분의 방식에 익숙해진 사람은 바람과 같이 자유하고 부드러운 성품을 쌓는다. 성령의 바람이 불 때 나뭇잎이 자유자재로 움직이듯이 그렇게 하나님께 모든 것을 의탁하고 평안함과 자유로움 속에서 그분의 인도에 전폭적인 의탁과 순종으로 반응한다.

chapter 13

날마다 주께 더 가까이,
주와 더 깊은 관계로 나아간다

하나님의 놀라운 선물, 믿음

이제 긴 대화의 장을 닫고 여정을 마무리할 시점이 되었다. 이제까지 나눈 이야기의 핵심은 하나님과의 관계 맺음 그리고 믿음에 대한 것이었다. 임마누엘의 하나님은 우리와 함께하기를 갈망하신다. 거룩하신 하나님께서 죄성을 가진 제한된 인간과 같이 걷기 원하신다는 것은 참으로 경이로운 신비이다.

보이지 않는 하나님과 관계 맺으며 같이 걸어가기 위해 우리에게 요구되는 것은 '믿음'이다. 십자가 복음을 믿는 믿음을 통해 의롭지 않은 존재인 우리가 의롭다 하심을 입었다. 그리고 그 믿음 안에서 우리는 그분과 같이 걸어가며 그분의 형언할 수 없는 아름다움을 경험하게 된다.

그러한 경험들은 우리 안에 주님을 향한 신뢰감과 기대감과 친밀감이 자라나게 한다. 우리는 점차 그분을 닮아가기를 열망하게 되고 그분의 거룩하심을 덧입는다. 그리고 우리의 신랑 되신 예수 그리스도께서 다시 오실 때, 신부 된 우리는 그분과의 온전한 연합으로 더 새롭고 충만한 관계로 들어갈 것이다. 이 믿음은 노력의 산물이 아니다. 우리와 연합하기 원하시는 하나님께서 우리에게 값없이 허락하시는 선물이다.

> 너희는 그 은혜에 의하여 믿음으로 말미암아 구원을 받았으니 이것은 너희에게서 난 것이 아니요 하나님의 선물이라 행위에서 난 것이 아니니 이는 누구든지 자랑하지 못하게 함이라 엡 2:8,9

우리가 가진 것이 죄뿐임을 알고 믿음조차도 하나님께 구해야 하는 존재라는 것을 깨닫게 되면, 하나님 앞에 더욱 겸손히 나아가 그분의 긍휼히 여기심과 은혜를 구하게 된다.

이것은 자기 암시나 확고한 결단, 확신을 가지려는 노력, 긍정적인 사고방식과는 다른 것이다. 믿음은 보이지 않는 하나님의 실체적인 능력과 만나는 계기이자 결과가 된다. 우리의 노력으로 믿음이 더해지는 것은 아니지만, 우리는 더 큰 믿음을 얻도록 계속 힘써 구해야 한다. 그러기에 예수님은 이렇게 말씀하셨다.

> 구하라 그리하면 너희에게 주실 것이요 마 7:7

따라서 믿음이 작은 것은 마땅히 책망 받을 일이 된다.

아는 것과 믿는 것은 다른 차원의 것이다. 질병이나 삶의 어려움 가운데 하나님께서 우리를 도우실 능력이 있음을 아는 것과 실제로 지금 하나님께서 우리를 도우실 것을 믿는 것은 다르다. 진정한 믿음은 보이지 않는 하나님을 우리의 삶 가운데로 초청하는 능력이다. 그분은 능력이시다. 따라서 하나님과의 만남은 능력이 덧입혀지는 것을 의미한다.

사도 바울은 "하나님의 나라는 말에 있지 아니하고 오직 능력에 있음이라"(고전 4:20)라고 설파한다. 믿음은 하늘의 능력을 우리의 삶 가운데로 유입시키는 통로 역할을 한다. 또한 복음은 말로만 전하는 것이 아니라 능력으로 전달되는 것임을 강조한다.

> 이는 우리 복음이 너희에게 말로만 이른 것이 아니라 또한 능력과 성령과 큰 확신으로 된 것임이라 우리가 너희 가운데서 너희를 위하여 어떤 사람이 된 것은 너희가 아는 바와 같으니라 살전 1:5

바울은 메시지의 영향력이 메신저의 삶에 달려 있음을 잘 알았다. 메신저의 삶 가운데 나타난 능력과 성령과 큰 확신이 주변에 본보기가 되고 영향력을 끼치게 되는 것이다.

> 그러므로 너희가 마게도냐와 아가야에 있는 모든 믿는 자의 본이 되었느니라 주의 말씀이 너희에게로부터 마게도냐와 아가야에만 들릴

뿐 아니라 하나님을 향하는 너희 믿음의 소문이 각처에 퍼졌으므로 우리는 아무 말도 할 것이 없노라 살전 1:7,8

데살로니가교회 성도들의 삶 가운데 나타난 능력이 그들 주변의 모든 믿는 자의 본이 되게 했으며, 그들 교회가 영향력 있는 교회로 서도록 했다.

믿음은 능력의 통로

몽골국제대학교가 세 번째 건물의 완공을 눈앞에 두고 있을 때 벌어진 일이다. 난방관 건설 공사 일주일 만에 그만 난방이 끊어지는 사고가 발생했다. 알고 보니 건물 회사와 학교 측이 국영도시 난방공사의 승인 절차가 끝나기도 전에 난방 파이프를 연결하는 작업을 먼저 했고, 이 사실을 알게 된 난방공사에서 새 건물의 난방 연결관을 잠가버린 것이다. 게다가 올해 울란바토르 시 난방공사에서는 난방 능력이 포화 상태에 달해 신규 건물에는 더 이상 난방을 공급하지 않기로 결정했다는 것이다.

학교 측은 서둘러 난방공사의 담당 직원들을 찾아다니며 여러 장의 서류에 일일이 사인을 받아냈고, 마지막으로 최종 결재자의 사인만을 기다리고 있었다. 새 건물에서 수업하던 교수와 학생들은 일주일이 넘도록 추위에 떨어야 했고, 교직원들은 모두 마음을 모아 간절히 기도했다. 감사하게도 최종 승인이 떨어져서 다시 난방이 공급될 수 있었다.

물리적으로 건물에 난방 파이프가 연결되어 있다 해도 결재권자의 사인이 없이는 실제로 난방관이 연결된 것이 아닌 셈이다. 서류상 사인이 떨어질 때 비로소 새 건물에 난방이 들어갈 수 있는 것이다. 서류 한 장에 받은 사인은 종이 위에 아무렇게나 끼적인 낙서와는 다르다. 그것은 엄연히 실제적인 변화를 일으키는 능력이다.

우리의 믿음을 통해 하늘의 능력이 우리 삶에 연결되는 것도 이와 마찬가지이다. 우리의 믿음을 통해 하나님의 사인이 떨어지는 순간 파이프라인을 막고 있던 차단기가 열리고 하늘의 능력이 우리 안으로 흘러 들어온다.

믿음은 반드시 가치관과 행동의 변화와 그로 인해 발생하는 능력을 수반한다. 내가 진리를 이해한 것 같아도 내게서 능력과 변화와 영향력의 열매가 맺히지 않는다면, 믿음의 영역에 무언가 결핍이 있는 것이다.

사람을 변화시키는 능력

오늘날 교회 내에서 성경공부를 중요시하는 사람들과 체험을 추구하는 사람들 간의 긴장관계가 존재하는 것을 종종 목격한다. 예수님은 "너희가 성경에서 영생을 얻는 줄 생각하고 성경을 연구하거니와 이 성경이 곧 내게 대하여 증언하는 것이니라"(요 5:39)라고 말씀하셨다.

그렇다면 결국 성경을 연구하는 목적은 예수님을 알기 위한 것이어야 한다. 성경공부든 영적 체험이든 간에 그 목적은 반드시 하나님과의 깊은 교제를 위한 것으로 귀결되어야 한다. 하나님과의 깊은 만남으로 이어지지 않는 지식 추구형 성경공부나 교리 학습은 자신을 방어하기 위한 논쟁이나 자아를 높이려는 집착으로 귀결되기 쉽다.

우리의 영적 성숙은 우리가 얼마나 충만하게 하나님을 경험하고, 그 결과 얼마나 온전히 그분께 의존하고 신뢰하는가에 달려 있다.

> 내 말과 내 전도함이 설득력 있는 지혜의 말로 하지 아니하고 다만 성령의 나타나심과 능력으로 하여 너희 믿음이 사람의 지혜에 있지 아니하고 다만 하나님의 능력에 있게 하려 하였노라 고전 2:4,5

바울은 헬라 철학에 능했다. 그는 고린도로 가기 전에 아덴에서 에피쿠로스 학파와 스토아 학파 철학자들과 쟁론을 벌이기도 했다. 그러나 쟁론을 통해서 사람이 얻어지지는 않았다. 그들은 바울을 조롱하거나 나중에 다시 들어보겠다고 했다. 세상 학문으로 누군가의 마음을 얻는 것은 그리 쉽지 않다. 우리가 과학적으로 창조론이 옳다는 사실을 증명하는 일도 중요하다. 하지만 그 일에 성공한다고 해서 사람들이 회개하고 하나님께로 돌아오는 것은 아니다.

한번은 몽골제국사와 중앙아시아사 분야의 대가(大家) 한 분으로부터 나의 박사 논문이 빨리 나오기를 고대한다며 언제 출판할 것인지를 묻는 이메일을 받은 적이 있다. 박사 과정을 지도해준 은사 중 한 분으로부터 비슷한 말을 전해 듣기도 했다. 사역지에서도 학교에 적을 두고 있기 때문에 나의 전공 학문 분야에서도 책을 출간해야 하는 것은 아닐까 하는 마음의 부담이 컸다. 하지만 투자해야 할 시간이 문제였다.

나는 이 문제를 놓고 기도한 적이 있었다. 그 기도를 통해서 하나님께서 내게 원하시는 것이 무엇인지 다시 한 번 확인했다. 나는 하나님께서는 나를 사람을 변화시키는 사역에 쓰기 원하신다는 마음을 받았다. 학문 영역에서 책을 내는 일도 귀하다. 하지만 나는 그것으로는 사람을 근본적으로 변화시킬 수 없다는 사실을 잘 알았다. 그 기도 이후 나는 마음을 쉽게 정리할 수 있었다.

믿음은 상식적으로 이해되는 것을 믿는 것이 아니다. 우리는 익숙한 영역에 머물기를 원하지만, 성령께서는 우리가 그분 안에서 성숙해질수록 한 번도 가지 않은 길로 나아가도록 도전하신다. 우리는 과거에 역사하신 하나님은 인정하면서 현재 나의 곁에서 지속적으로 일하시는 하나님을 인정하기 어려워하는 경향이 있다.

믿음은 순전한 의뢰를 가져오고 온전한 맡김은 하나님의 능력을 수반한다. 예수님의 말씀의 능력은 하나님과 함께 걸어야만 나타났다. 그래서 예수님은 "내가 너희에게 이르는 말은 스스로 하는 것이 아니라 아버지께서 내 안에 계셔서 그의 일을 하시는 것이라"(요 14:10)라고 말씀하신다.

하나님이 주시는 가장 큰 상(賞)

믿음이 없이는 하나님을 기쁘시게 하지 못하나니 하나님께 나아가는 자는 반드시 그가 계신 것과 또한 그가 자기를 찾는 자들에게 상 주시는 이심을 믿어야 할지니라 히 11:6

> 여호와는 자기를 경외하는 자들과 그의 인자하심을 바라는 자들을 기뻐하시는도다 시 147:11

우리의 믿음은 하나님을 기쁘시게 한다. 그 믿음은 하나님이 존재하신다는 것과 우리가 그분을 찾기 원하시며 또한 그분을 찾는 자들에게 상(賞) 주신다는 것을 믿는 믿음이다. 그렇다면 하나님이 자신을 찾는 자들에게 주시는 상은 무엇일까? 처음에는 그것이 은사나 면류관 혹은 이 세상에서 누리는 행복이라고 생각하기 쉽다.

그런데 하나님께서는 아브라함에게 하나님 자신이 바로 상급이요 기업이라고 말씀하셨다. 혹시 하나님을 찾는 자들에게 주시는 상이 '하나님 자신'이라는 말에 허탈해지거나 뭔가 부족하다고 느끼는 사람이 있다면, 그것은 아직 하나님이 어떤 분이신지 그분의 인자하심이 어떠하신지 맛보아 알지 못했기 때문이다. 우리 믿음에 대한 가장 큰 보상은 하나님 자신이다. 그분을 통해 주시는 안정감과 신뢰와 기대와 친밀감이 우리의 보상이 되어야 한다.

결혼생활에서도 오직 내가 원하는 것을 얻기 위한 수단으로서 상대를 원한다면 그 관계는 반드시 파탄을 맞게 될 것이다. 우리에게 하나님이 절실히 필요하다는 것은 명백한 사실이다. 그러나 우리가 오직 우리의 필요를 채우기 위해서 하나님을 찾는다면 그 관계는 오래갈 수 없다. 필요가 사라졌다고 생각되는 순간 하나님과의 동행을 멈추기 때문이다. 이것이 이스라엘 백성들이 약속의 땅인 가나안에 들어가서 하나님을 떠나 우상숭배의 늪에 빠지게 된 이유이다.

또 서구 선진국의 교회와 한국 교회가 경제적 번영 가운데 넘어지고 있는 것도 이와 같은 이유이다. 하나님을 소유한다는 것은 우리의 전부를 하나님께 내어드린다는 것을 의미한다. 결혼 관계처럼 누군가를 배우자로 얻는다는 것은 내 전부를 그 사람에게 내어주는 것을 의미하기도 한다. 천국의 보화를 얻기 위해서는 우리가 가진 모든 소유를 파는 믿음이 필요하다.

믿음은 들음에서 난다

믿음은 간절히 하나님께 듣고 배우고자 하는 마음을 불러일으킨다. 믿음은 들음에서 난다고 했다.

> 그러므로 믿음은 들음에서 나며 들음은 그리스도의 말씀으로 말미암았느니라 롬 10:17

여기서 '들음'은 레마의 말씀을 현재 자신의 삶 가운데 계속해서 듣고 있는 상태를 의미한다. 이미 들었던 것으로는 충분하지 않다. 하나님께서 이미 말씀하셨던 것이 아니라 지금 우리에게 말씀하시는 것을 듣는 가운데 우리의 믿음이 자라난다.

대화와 소통은 관계를 발전시키기 위한 가장 중요한 통로가 된다. 주님의 말씀을 듣기 위해 기다리는 자세와 기쁨으로 순종하는 마음은 믿음의 중요한 표현이다. 현재 삶의 구체적인 정황 가운데 하나님을 초청하고, 그분의 도우심 속에서 믿음으로 그분과 동행하며, 그분에게 듣고 배우며 또 배운 것에 기쁨으로 순종할 때 삶의 능력과 영향력의 열매가 맺힌다.

또 다른 관계 맺음

성부, 성자, 성령의 삼위일체 관계는 우리가 하나님과 맺게 될 이상적인 관계의 모습을 예시해준다. 이 온전한 연합의 관계가 모든 관계의 기본이 된다. 둘 사이의 온전한 관계 맺음은 자연스럽게 셋의 관계로 연결된다. 따라서 하나님과 우리 자신과의 온전한 연합은 또 다른 관계 맺음으로 이어진다.

남자와 여자가 만나서 함께 걷다가 아이가 생기고, 또 하나의 생명이 그 관계 속으로 들어오는 것과 마찬가지 원리이다. 가정에 아이가 생기는 순간 부모의 모든 관심은 아이에게로 향한다. 부모의 모든 일정과 하루 일과는 아이를 중심으로 돌아가며, 그 전까지 아무리 독립적인 존재였던 부모라도 아이에게 묶이면서 누군가에게 묶이고 속박당하는 것이 무엇인지 경험한다.

그러면서 부모는 자기중심적인 삶에서 이타적인 삶으로 자세와 태도가 바뀐다. 새로운 존재와의 관계 속에서 삶의 방식에 혁명적인 전환을 맞게 되는 것이다.

마찬가지로 하나님과 나의 연합은 다른 지체와의 연합 관계로 이어진다. 개인의 믿음은 자연히 사회적, 역사적 책임에 대한 인식을 불러일으킨다. 하나님과의 연합이 다른 사람들 혹은 사역 대상들과의 관계 맺음으로 이어지는 것이다.

만일 타문화권 선교사로 부르신다면, 또 다른 민족 또 다른 사회 집단과의 새로운 연합 관계로 들어가는 것이라고 해석할 수 있다. 이것은 하나님으로부터 오는 사랑을 전달하고 또 나누어 받기 위한 또 다른 관계로의 부르심이다.

믿음으로 하나님과 같이 걷는 사람은 반드시 하나님의 일을 하며 그분을 섬기고 이웃의 필요 가운데 그분의 뜻을 보게 된다. 그리고 그 뜻에 순종하는 것을 기뻐하며, 그 일을 하기 위해 하나님의 도우심을 전폭적으로 의지하게 된다. 우리의 사역의 완성은 반드시 하나님과의 온전한 연합을 통해서만 가능하다. 많은 사역자들이 탈진하고 기진하며 중도에 포기하는 이유가 무엇인가? 어느새 하나님과 같이 걷는 것을 중단한 채 홀로 걷고 있기 때문이다. 하나님을 뒤에 두고 나 홀로 걷는 사역, 그것이 문제의 근원이다.

우리가 부르심을 받은 영역에서 섬기는 가운데 상처받고 누군가를 미워하는 이유도 결국 자신이 하나님으로 채워져 있지 않기 때문이다. 선교사가 선교지에서 현지인으로부터 상처를 받아 불신과 원망을 쌓으며 마음의 문을 닫게 되는 경우가 빈번하게 발생한다. 이 경우 설령 눈으로 보이는 사역은 일어날지 몰라도 그곳에 하나님의 나라가 이루어지지는 않는다.

오직 우리 자신이 하나님으로 충만하게 채워질 때, 하나님의 눈으로 내가 섬겨야 할 대상을 바라볼 수 있게 된다. 그리고 아무 조건 없이 나를 포용해주시는 하나님의 은혜를 경험해야만 그 은혜로 말미암아 사랑과 관심을 받을 자격이 전혀 없어 보이는 대상을 사랑하고 넉넉하게 받아들일 수 있게 되는 것이다.

따라서 사역자가 고난 가운데 있을 때 사역이 왕성하게 일어나는 경우가 있다. 믿음과 사랑에는 때로 고통이 수반된다. 믿음의 결과는 편안하고 편리하고 안정이 보장된 삶이 아니다. 그런데도 믿음을 통해 임하는 하나님의 놀라운 은혜로 부어주시는 위로와 평강과 기쁨은 그 모든 고통을 넉넉히 이기고도 남게 한다.

당해야 승리한다

몽골국제대학교의 권오문 총장님이 "늘 당해야 사역이 일어나더라"라고 고백한 적이 있다. 현지인들에게 당하고 또 당해서 현지인들이 보기에도 너무하다며 선교사 편을 들게 되면 사역이 일어난다는 것이다. 그래야 그들의 마음을 얻고 또 예수님의 모본을 그들에게 삶으로 보여줄 수 있기 때문이다.

실제로 나는 선교지에서 크게 두 부류의 선교사들을 본다. 한 부류는 몽골인들에 대해 깊이 실망하는 부류인데, 그럴 경우 그 후로 그들을 믿지 않고 의심하며 규제하려 든다. 이 경우에는 대체로 사역을 하면서도 기쁨이 없고 관계의 열매도 적다. 더욱이 몸도 마음도 편치 않을 경우가 많다. 다른 한 부류는 그저 계속해서 현지인들에게 속고 당해주는 경우이다. 그러면 망할 것 같지만 사역이 일어난다. 그때 비로소 하나님의 사역이 일어난다.

선교사로 있으면서 어느 정도 몽골의 상황을 이해하게 되고 또 몽골어를 알면 알수록 더 싸울 일이 많아진다. 몽골 사람들의 속셈이 뻔히 보이니까 더 어려운 것이다. 그렇지만 분명히 져주어야 사역이 일어난다. 싸워서 이기면 죽는 것이 있다. 바로 사람이고 관계이다.

이것은 선교사와 현지인들의 관계에만 적용되는 것이 아니다. 선교사 간의 관계에서도 적용된다. 때때로 주님이 주신 사역의 현장에서 동역자들 사이에 어려움을 겪을 때가 있다. 사역 안에서 동역자들과 경쟁하게 되는 경우이다. 내 눈에는 아름답지 않게 보이는 지체를 하나님의 눈으로 보고 포용할 수 있는 겸손이 우리를 건강하게 하고 몸의 연합을 이룬다.

삶으로 영향력이 전해졌는가?

나는 2006년 12월 10일 주일을 마지막으로 이레교회 사역을 마무리했다. 그 무렵부터 나는 선교사의 '내려놓음'에 대해 많은 생각을 했다. 나는 먼저 2년 6개월간의 이레교회 사역을 점검해보는 체크리스트를 만들었다. 나는 체크리스트의 첫 번째 질문에 스스로 답하지 못하고 머뭇거리며 힘겨워했다. 그 질문의 내용은 이것이었다.

"이레교회를 섬기는 동안, 과연 네가 설교자가 아닌 그저 평범한 한 지체로 섬겼더라도 네가 곁에 있다는 것만으로 이들의 삶에 변화가 일어 났겠는가? 너의 말이 아니라 너의 삶을 통해 선한 영향력이 그들에게 전해졌겠는가?"

내 솔직한 대답은 다음과 같았다.

"아닌 것 같네요, 주님. 마음이 갑갑합니다. 하지만 제게 또 한 번의 기회를 주신다면 그때는 좀 더 이 부분의 중요성을 인지하며 반응하기를 원합니다."

내가 이것을 첫 번째 질문으로 넣은 계기가 되는 사건이 있었다. 그것은 몽골에서 사역하시던 최순기 선교사님이 돌아가신 후, 어느 날 김우현 감독과 함께 그 분이 섬기던 교회에 찾아가 리더들을 대상으로 인터뷰를 진행할 때였다.

최순기 선교사님은 본래 북파 공작원으로도 활동하신 바 있으며 미국에서는 보석가공업을 하셨던 분이다. 이후에 몽골에 파송 선교사로 오셨는데, 북한에 대해 늘 관심을 쏟으며 사역을 진행하셨다. 그러다가 북한에 들어가 사역하시던 중 돌연 심장마비로 돌아가셨다는 소식이 전해졌다. 북한 측에서도 이 일로 오해가 생길까봐 적잖이 당황했다는 이야기도 들렸다. 최 선교사님은 평소 운동을 좋아하시고 지극히 건강했던 것으로 알려져 있었기 때문에 몽골 선교사들도 그 소식에 몹시 당황했다.

최 선교사님은 이미 자신의 죽음을 예견한 듯 미리 유언을 남기셨다고 한다. 자신의 시신을 몽골 땅에 묻어달라는 것과 장례예배 때 헨델의

'할렐루야'를 불러달라는 것이었다. 자신의 죽음을 슬퍼하지 말고 가장 기쁘고 영광된 날로 기억해달라는 취지였을 것이다. 이 유언대로 선교사 합창단들이 모여 장례예배에서 '할렐루야'를 부르며 깊은 감동을 경험했다.

나는 교회의 리더들과 인터뷰를 진행하면서 최순기 선교사님이 교회 리더들을 잘 양육하셨음을 볼 수 있었다. 최 선교사님은 부모 없이 거리에서 방황하던 아이들을 데려다가 돌보며 주님의 일꾼으로 양육시켰다. 최 선교사님 부부는 몽골의 여러 아이들과 숙식을 같이하며 그들을 아들딸처럼 돌보셨다. 그래서 그들은 최 선교사님을 아버지로, 사모님을 어머니로 부르며 따랐다. 그렇기 때문에 비록 선교사님은 이 땅을 떠나셨지만, 교회는 크게 흔들리지 않는 것을 보았다.

최 선교사님이 양육했던 리더 중 한 명이 '높고 높으신 주님'이라는, 몽골에서 가장 많이 불리는 복음송가를 작곡한 목회자인데, 그는 미국의 탈봇대학교에서 신학 과정을 마치고 돌아와 최 선교사님이 섬기던 교회를 이어받아 목회하고 있다.

관계 맺음으로 마음을 얻다

최순기 선교사님의 리더 양육과 관련한 유명한 일화가 하나 있다. 한 번은 최 선교사님이 데려다 키우던 아이 중 하나가 교회와 선교사님 댁에서 제법 값나가는 물건을 훔쳐 달아났다. 원래 거리의 아이로 자랐기 때문에 나쁜 손버릇을 고치기 어려웠던 모양이다. 또 공동생활보다는 자유로운 생활을 원해서 도망친 것이다. 그렇지만 결국 집이 그립고 또 바깥의 험한 생활을 오래 버티지 못하고 다시 돌아왔다. 최 선교사님의 불호령이 떨어질 것을 예상했을 텐데도 말이다.

최 선교사님은 돌아온 탕자를 데리고 목욕탕에 갔다. 그리고 아무 말도 없이 열심히 등을 밀어주었다. 목욕을 마치자 "배고프니까 밥 먹자"고 하시며 한국 식당으로 데려갔다. 거기서 식사를 마치고 집으로 돌아왔다. 그런 다음 피곤할 테니 그만 방에 들어가서 자라고 하고 자신도 방으로 들어갔다.

그 아이는 '이제야 혼이 나겠구나' 하고 숨죽이며 꾸중을 기다리다가 그만 허탈해졌다. 그러면서 그날 밤 몹시 울었다고 한다. 그 이후로 다시는 집을 나간 일이 없었다. 뿐만 아니라 후일에 교회 행정 책임자로 잘 섬기고 있다고 한다. 그를 비롯해서 다른 리더들이 입을 모아 말했다.

"아버지(최순기 선교사)가 정말 그리워요. 그 분은 항상 귀한 것을 우리와 함께 나누었습니다. 우리 친아버지보다 그 분이 진짜 우리 아버지예요."

아버지가 그립다는 말을 듣는 순간, 나는 그만 울음을 터뜨리고 말았다. 인터뷰 중간에 구석으로 가 눈물을 훔치며 막 울어버렸다.

내가 울었던 이유에는 여러 가지가 있었을 것이다. 감동도 있었겠지만 내 상황과 감정이입이 되었던 것 같다. 어쩌면 내 사역의 마지막 날 모습이 떠올랐기 때문이리라.

내가 몽골을 떠나는 날, 우리 지체들이 나를 어떤 모습으로 회상하게 될지 생각해보았다.

내가 떠나는 날, 어쩌면 무척 슬퍼할지도 모른다. 한동안 많이 울 것 같다. 하지만 과연 내가 이곳을 급하게 떠나야만 하는 상황이 되었을 때, 내가 남긴 사역의 영역들은 동요 없이 잘 설 수 있을까?

혹 그 자리에서 나의 빈자리가 느껴진다면, 그간의 나의 노력에도 불구하고 다른 지체들을 리더로 키우는 데 소홀한 부분이 있었기 때문이 아닐까? 과연 다른 리더들이 내가 없어도 중요한 결정을 내릴 수 있을 만큼 충분히 리더십을 이양했는가?

결국 나는 내 빈자리가 느껴지지 않도록 사역하는 것을 내 후기 사역의 목표로 삼아야겠다고 다짐했다.

하나님의 성공 기준은 관계에 있다

안타깝게도 최순기 선교사님의 경우와 대비되는 예들을 종종 목격한다. 몽골 교회 개척 사역에서 탁월한 업적을 이룩한 선교사님이 계셨다. 그 분이 개척한 교회와 배출한 지도자들이 몽골 교회 곳곳에 퍼져 있다.

그런데 그 분이 안식년을 맞아 일 년 동안 나갔다가 돌아오시려고 할 때, 그 교회 지도자들이 선교사님이 돌아오시는 것을 막아섰다. 그 분 대신 자신들이 잘할 수 있으니 더는 선교사님이 필요 없다는 것이 이유였다. 그들은 선교사님이 일구어놓은 사역의 기반을 자신들이 접수하려고 했다.

이것은 비단 그 선교사님 개인뿐 아니라 한국 선교사 전반에 걸쳐서 많은 회의와 아픔을 준 사건이었다.

이 선교사님의 경우에 사역은 많이 일어났지만, 관계가 제대로 세워지지 못한 것 같았다. 아마도 사역 중심적 측면이 관계 중심적 측면보다 강하지 않았을까 추측해본다.

반면에 최 선교사님은 사역적인 부분에서 대단한 성공을 거둔 분은 아니었을지도 모른다. 그저 교인이 200명도 안 되는 교회와 몇 개의 지방 개교회, 그것이 전부였던 것 같다. 하지만 그 분은 관계를 맺는 과정을 통해 사람들을 키워냈다. 그리고 그들의 마음을 얻었기 때문에 그들 내부에 변화가 일어났다. 그들은 그 분의 빈자리를 몹시 그리워했고 그 분을 필요로 했다.

내가 맡은 교회의 성도 수가 얼마나 늘었고 내 사역이 얼마나 외형적으로 성장했느냐 하는 것은 부차적인 것이다. 좀 더 본질적인 부분은 관계의 성장이다.

"우리의 관계 속에 어떤 질적인 변화들이 있었고, 하나님의 사랑과 선한 영향력이 온전히 흘러갔는가?"

이것이 우리 사역의 성패에 대한 가장 중요한 평가 기준이 되어야 하지 않을까?

나는 내 사역에서 성공을 구하는 것이 하나님과 교제하며 그분의 음성을 듣고자 하는 열망보다 크지 않기를 기도한다. 내가 몽골에서 하는 일이 나를 위한 사역이 되거나 나의 칭찬거리가 되지 않기를 바란다. 나의 사역 성공담이 나의 자존감의 근거가 되지 않기를 소망한다. 하나님의 열심, 하나님의 비전, 하나님의 갈망이 나를 주장하여 내가 주님이 쓰시기에 편리하고 순전한 도구가 되기를 기도한다.

우리 사역의 목표는 하나님나라가 임하는 것이다. 즉, 하나님이 임하셔서 나와 내가 속한 공동체를 이끄시기를 소망하는 것이다. 하나님나라는 결과가 아닌 과정에 있다. 내 경험상 하나님의 일차적인 관심은 사역의 결과와 업적보다는 그 사역의 과정에서 쌓여가는 관계에 있을 때가 많다.

하나님과의 온전한 관계 맺음은 우리 가운데 신뢰와 친밀감을 더해 준다. 그리고 그분과의 온전한 관계는 자연스럽게 우리의 가정과 이웃과 주변과의 관계의 성숙, 그로 인한 공동체의 성장으로 이어진다. 이 과정 가운데 하나님나라가 우리 가운데 임하고 확장되어 간다.

● epilogue

하나님의 체온을 느끼며 함께 걷는 길

하나님이 이르시되 그가 나를 사랑한즉 내가 그를 건지리라 그가 내 이름을 안즉 내가 그를 높이리라 시 91:14

나는 나의 첫 번째 책 《내려놓음》에서 우리가 내려놓을 때 하나님으로 채워진다고 고백했다. 그리고 《더 내려놓음》에서는 내가 죽을 때 내 안에서 예수님이 사신다는 표현을 사용했다. 《같이 걷기》를 마무리하면서 생각해보니 이 책은 하나님으로 내 삶을 채운다는 것, 그리고 내 안에서 예수님이 사신다는 것이 무엇인지에 대한 나눔이라고 하겠다.

지난 몇 주, 하나님이 주시는 부담 가운데 책을 쓰기 위해 달음질한 시간을 뒤돌아보니 《내려놓음》으로 시작한 하나님으로 채워가는 여정이 이제 《같이 걷기》에서 고백한 내용으로 일단락되었다는 생각이 든다.

　몽골에 돌아와서 월세로 살던 아파트에 다시 들어갔다. 아파트의 엘리베이터가 고장 난 지 벌써 10개월이나 지났지만 아직까지 고칠 기미가 보이지 않았다. 9층 건물에 우리 집이 있는 8층까지, 이제 막 돌이 되어가는 아기를 안고 또 짐을 바리바리 들고 계단을 오르내리는 일이 처음에는 고역처럼 느껴졌다.

　며칠 전 방과 후 친구 집에서 놀고 있던 동연이를 데리고 함께 집으로 돌아오고 있었다. 추운 겨울 날씨였던지라 동연이의 손을 잡아서 내 주머니에 넣고 함께 걸었다. 아파트 건물에 들어서니 일주일 전부터 전기 문제로 계단의 전구까지 모두 불이 들어오지 않았는데, 그날도 여전히 고쳐지지 않은 상태였다. 휴대폰을 꺼내 한 손에 들고 발 앞을 비추었다. "주의 말씀은 내 발에 등"(시 119:105)이라는 표현이 떠올랐다. 주님의 말씀을 불빛 삼아 나의 한 걸음 한 걸음을 비추듯 자주 꺼지는 휴대폰 불빛을 다시 밝혀가면서 그렇게 계단을 올라갔다. 다른 한 손은 여전히 동연이의 손을 잡아 호주머니에 넣은 채.

　아이의 손에서 온기가 전해졌다. 어두워서 층수를 확인하지는 못했지만 금세 8층에 다다랐다. 문을 열기 전 나는 왠지 아쉽다는 생각이 들었다. 그렇게 아이와 같이 좀 더 걸었으면 좋겠다는 마음 때문이었다. 전에 혼자 짐을 들고 올라다닐 때 8층은 멀게만 느껴졌는데, 아이와 같이 걷는 동안 8층은 너무 가까웠다. 하지만 이제 문을 열면 따뜻하고 밝은 집에서 가족들이 우리를 반갑게 맞아줄 것이다. 그리고 또 다른 공간에서 새로운 교제와 교류와 소통이 시작될 것이다.

몽골에서 사역하는 기간 동안, 하나님께 집중하고 그분과 같이 걸으면서 어느새 7년의 세월이 흘렀다. 혼자 걸었으면 길고 지루했을지 모를 그 길의 고비마다 하나님과 함께 나눈 추억들이 새겨져 있음에 감사의 고백이 절로 나온다. 하나님과 같이 걷는 우리의 인생길도 이와 같다는 생각을 한다.

마지막 때 사랑하는 주님을 직접 뵙고 그분과 온전한 연합을 이루는 그날까지, 하나님께서는 나의 손을 그분의 호주머니에 넣으시고 서로의 체온을 느끼면서 어둡고 좁은 인생길을 계속 나와 같이 걸어가실 것이다. 그분이 동행해주시는 한, 주변의 어두움은 두려움으로 다가오지 않을 것이다. 어떤 광야 어떤 사막을 홀로 걸어가고 있다 해도, 하나님의 체온이 느껴지는 한 나는 결코 혼자 걷는 것이 아니다. 나의 가장 친밀한 동반자가 바로 내 곁에 서서 같이 걷고 계신다.

하나님께서는 내가 어느새 계단을 다 올라왔고 또 다른 문으로 들어가야 한다는 사인을 주신다. 아직 그 문 뒤에 무엇이 기다리고 있는지 모르지만, 나는 기대감을 가지고 그분이 예비하신 것들을 기다린다. 그분을 누리고 섬기기를, 그분의 인도하심을 따라 새로운 영역으로 나아가기를, 기쁨과 설렘 가운데 소망한다.

지금은 희미하지만 그때는 밝히 볼 것을 기대하며….

같이 걷기

초판 1쇄 발행	2010년 11월 26일
초판 71쇄 발행	2025년 1월 22일

지은이	이용규
펴낸이	여진구
책임편집	이영주
편집	박소영 최현수 구주은 안수경 김도연 김아진 정아혜
책임디자인	마영애 노지현 조은혜 정은혜
홍보 · 외서	진효지
마케팅	김상순 강성민
마케팅지원	최영배 정나영
제작	조영석 허병용
경영지원	김혜경 김경희

303비전성경암송학교 유니게 과정
이슬비전도학교 / 303비전성경암송학교 / 303비전꿈나무장학회

펴낸곳	규장

주소 06770 서울시 서초구 매헌로 16길 20(양재2동) 규장선교센터
전화 02)578-0003 팩스 02)578-7332
이메일 kyujang0691@gmail.com 홈페이지 www.kyujang.com
페이스북 facebook.com/kyujangbook 인스타그램 instagram.com/kyujang_com
카카오스토리 story.kakao.com/kyujangbook
등록일 1978.8.14. 제1-22

ⓒ 저자와의 협약 아래 인지는 생략되었습니다.
이 출판물은 저작권법에 의해 보호를 받는 저작물이므로 무단 전재와 무단 복제를 할 수 없습니다.

책값 뒤표지에 있습니다.
ISBN 978-89-6097-187-5 03230

규 | 장 | 수 | 칙

1. 기도로 기획하고 기도로 제작한다.
2. 오직 그리스도의 성품을 사모하는 독자가 원하고 필요로 하는 책만을 출판한다.
3. 한 활자 한 문장에 온 정성을 쏟는다.
4. 성실과 정확을 생명으로 삼고 일한다.
5. 긍정적이며 적극적인 신앙과 신행일치에의 안내자의 사명을 다한다.
6. 충고와 조언을 항상 감사로 경청한다.
7. 지상목표는 문서선교에 있다.

하나님을 사랑하는 자 곧 그의 뜻대로 부르심을 입은 자들에게는 모든 것이 合力하여 善을 이루느니라(롬 8:28)

규장은 문서를 통해 복음전파와 신앙교육에 주력하는 국제적 출판사들의
협의체인 복음주의출판협회(E.C.P.A:Evangelical Christian Publishers
Association)의 출판정신에 동참하는 회원(Associate Member)입니다.